Kerstin Müllers | Worte tragen

*Für*

*Großmutter Else und Großvater Konstanz*
*Oma Änne und Opa Johannes*

*Onkel Theodor*
*Freia*

*Mama Birgitta und Vater Paul-Gerhard*

*Meine Familie Lina, Simon, Jakob, Ben und Michael*

Kerstin Müllers

# Worte tragen

Gebete, Gedichte und Impulse für die Sterbe- und Trauerbegleitung

neukirchener

MIX
Papier aus verantwortungsvollen Quellen
FSC® C014138
www.fsc.org

Bibliografische Information der Deutschen Nationalbibliothek:
Die Deutsche Nationalbibliothek verzeichnet diese Publikation in der Deutschen Nationalbibliografie; detaillierte bibliografische Daten sind im Internet über http://dnb.d-nb.de abrufbar.


Umschlaggestaltung: Miriam Gamper-Brühl, Essen, unter Verwendung eines Bildes von © Shutterstock/NatalieBellows
Lektorat: Anna Böck
DTP: dtp studio eckart|Jörg Eckart, Frankfurt am Main
Verwendete Schriften: FF Kievit
Gesamtherstellung: Finidr, s.r.o., Český Těšín
Printed in Czech Republic
ISBN 978-3-7615-6966-5

www.neukirchener-verlage.de

# Inhalt

# Zum Geleit

## Persönlicher Einstieg

1986 ist meine Großmutter gestorben. Ich habe mit Gummistiefeln am Grab gestanden und zugeschaut, wie sie zu meinem Großvater gelegt wurde. Ich habe gelernt, wie eine Tote aussieht und was eine Beerdigung ist, ich habe weinende Menschen gesehen und begriff, dass sich mit dem Tod meiner Großmutter etwas veränderte. „Großmutter" – so sage ich zu ihr – ist die erste Verstorbene in meinem Leben gewesen, die ich erlebt und begraben habe. Ich denke an viele Stunden „Elfer raus", an gemeinsam verbrachte Zeiten. Damals bin ich neun Jahre alt gewesen. Heute, ich bin nun 46 Jahre alt, sitzt sie bei jedem „Elfer raus"-Spiel mit am Tisch und das ist supergut.

Meine Eltern haben mir in jedem Alter den Tod in sinnvoller und begreifender Form zugetraut. Wir sind gemeinsam zur Beerdigung gegangen, haben gesprochen und geweint. Ich erfuhr schon früh, was eine Urne ist, in der mein Onkel Theodor begraben wurde. Onkel Theodor ist für mich immer noch da, zum Beispiel wenn ich die Äpfel im Garten vom Baum hole und wenn ich Obst zu Kuchen und Kompott verarbeite. Seine erfinderischen Ideen, seine schrägen Gedanken, seine Geschichten machen ihn für mich unsterblich. Der gute Onkel war ein Kauz, ein Lebemensch und für mich ein naturverbundener Sympath. Er hat seinen Rhythmus und seine Ideen vom sinnhaften Leben in Verbundenheit mit der Natur umgesetzt und gelebt. Onkel Theodor wusste es vermutlich nicht, dass er mir immer wieder zum Vorbild wurde und auch heute noch wird. So ist es oftmals im Leben, dass Menschen für Andere eine hohe Bedeutung haben, ohne dass jene es erahnen.

Auch habe ich meinem Opa in der Leichenhalle „Auf Wiedersehen“ sagen können und ich spürte, dass eine Beerdigung wichtig ist, weil bei Musik und guten Worten, Blechkuchen und Kaffee das Leben eines Menschen gefeiert wird.

2006 habe ich unser erstes Kind zur Welt gebracht. Wenn Kinder geboren werden, ist das für mich ebenso unbegreiflich wie das Phänomen, dass ein Mensch stirbt. Als Mutter merke ich, dass mir der Tod immer wieder nah ist. Er begegnet mir bereits in der Schwangerschaft, wenn ich denke: *Wird alles gut gehen?* Es kann viel schief gehen, in der Schwangerschaft und bei der Geburt. Eine stets mitschwingende – begründete – Sorge von Eltern ist, dass dem eigenen Kind etwas zustößt – egal in welchem Alter. Dieses Phänomen bestätigt mir meine eigene Mutter, die bis heute Angst davor hat, dass mir etwas zustößt, auch wenn ich bereits erwachsen bin. Eltern lernen, mit dieser *Todes-Gefahr* zu leben. Ein optimistischer Blick hilft dabei, dass die Sorge nicht zum Wahnsinn wird. Vertrauen lernen in Mensch und Leben, ist eine gute Medizin.

Oftmals habe ich als Krankenschwester im Krankenhaus und an anderen Orten erlebt, dass es *nicht gut geht*, weil der Tod unverhofft einfach ins Leben platzt. Der Rettungssanitäter, der so viele Leben rettete und den eigenen Vater verbluten sah; die Vierzigjährige, die aus dem sogenannten *Routine-Herzkatheter* nicht mehr erwachte oder das Kind, das vor ein vorbeifahrendes Auto lief.

Bei uns in der Familie ist es bislang immer wieder gut gegangen und gleichsam begegnen uns Situationen mit Sterben, Leid und Erlösung in jedem Alter und in unterschiedlichen Situationen. Wir vertrauen dem Leben – auch wenn das Leben uns oftmals herausfordert. Als Familie gehen wir mit unseren Kindern – in jedem Kindes- und Jugendalter – zur Beerdigung eines vertrauten Menschen. Dann bemalen wir Steine, die mit an das Grab gelegt werden oder schreiben letzte Worte, die mit in den Sarg gegeben werden. Es ist auch das *gemeinsam Schweigen und Weinen können*, was uns in traurigen Momenten trägt. Nicht immer brauchen wir Worte und nicht immer sind Worte hilfreich oder angemessen.

Wir begraben auch Meerschweinchen würdevoll mit Lied und Worten der Kinder zum Abschied, mit selbstgebautem und bemaltem Kreuz und Segensbitte, mal erd- und mal wasserbestattet. Das hilft den Kindern und gleichsam uns Eltern wieder froh zu werden. Gemeinsam an jemand oder etwas Vergangenes zu denken kann Mut machen. Immer stehen diese Situationen für alle im Zeichen der Würde.

Abschiede und Übergänge wollen eingeübt werden. Dadurch macht man sich mit der unbekannten Situation vertraut und kommt im Neuen an. Aus meinen eigenen Erfahrungen lerne ich für berufliche Zusammenhänge und berufliche Erfahrungen helfen mir in der Familie und beim eigenen Umgang mit Trauer.

Als Trauerrednerin, Trauerbegleiterin, Heilpädagogin, Krankenschwester und Religionspädagogin suche ich nach Ant-Worten. In Familien, Einrichtungen und Beerdigungssituationen begegnen mir Menschen. Keine Situation gleicht der anderen. Jede Situation erfordert Einfühlungsvermögen und Zeit miteinander in Beziehung zu treten, um gemeinsam den Weg der Trauer zu gehen. Ich höre und reagiere, sitze und nehme wahr. Ich bin da. Niemals gebe ich Ratschläge, denn Trauernde fühlen selbst, was bei ihnen gerade dran ist und was sie brauchen. Ich kann Perspektiven erweitern und Raum geben, Bedürfnisse zu erspüren. Ich bin Begleiterin.

Als die Schwester eines Kindergartenfreundes unseres jüngsten Sohnes unerwartet gestorben ist, spürte ich Unsicherheit von Erwachsenen. Kinder wurden nicht mit zur Trauerfeier genommen, weil Eltern vielleicht Angst hatten, mit Ihren Kindern über den Tod zu sprechen. Vielleicht ist es auch die Sorge gewesen, nicht mit den Reaktionen der Kinder umgehen zu können. Unser Sohn sagte damals, dass sein Freund ihn jetzt braucht, weil er doch traurig ist. Gemeinsam gingen wir zur Trauerfeier und konnten – so hatte ich den Eindruck – einen guten Weg für ihn finden.

Die Kinder in der Gruppe hatten einen entspannten Umgang mit dem Tod des Mädchens. Sie buddelten ein Grab im Außengelände des Kindergartens, sie spielten die Szenen vom Notfalleinsatz mit Figuren und Rollenspielen und sie unterhielten sich beim Kindergeburtstag an unserem Esstisch darüber: *Menschen können sterben. Manche sterben, wenn sie alt sind. Und es gibt Menschen, die sterben schon im Bauch, wenn sie so klein sind, wie ein Gummibärchen. Auch Kinder können sterben.*

## Aufbau des Buches

In privaten und beruflichen Kontexten begegnen mir immer wieder Formen von Unsicherheit und Angst vor dem Tod.

Der Tod ist unumgänglich. So kam ich auf die Idee, dieses Buch zu schreiben. Es erzählt vom Leben und vom Sterben, von Hilflosigkeit und Erlösung. Es motiviert zum ganzheitlichen Umgang und zum Gespräch über Sterben und Tod, denn eines ist gewiss: In jeder Geburt liegt ein Sterben und jedes Sterben ist wie das Leben.

Tod ist eine Tatsache, Trauer ist ein Gefühl und Sprache findet sich dazwischen: Worte formulieren und nach Antworten suchen, Trost schenken und Wut ausdrücken, Ratlosigkeit Raum geben und Liebe leben, Hoffnungslosigkeit erdulden und Frieden finden.

Sterben und Tod begegnet mir in unterschiedlichen Dimensionen. Alle Situationen im Sterben und um den Tod verbindet die Beschreibung der „Unvergleichbarkeit". Jedes Sterben und jeder Tod sind individuell. Die damit verbundene Trauer braucht Zeiten der Stille, Zeiten für Worte und Zeiten für Gesten.

**Dieses Buch** richtet sich an Personen, die Beistand im Sterben und in der Trauer geben. Es richtet sich an Menschen, die sich mit dem Tod – als ein selbstverständlicher Partner vom Leben – auseinandersetzen möchten. Es kann von Trauerrednerinnen, Liturgen, Bestatterinnen, von Pflegenden, pädagogisch Begleitenden und von Trauerbegleitenden in Einzelgesprächen, Feiern und Gruppensituationen, in Einrichtungen und im privaten Umfeld eingesetzt werden.

Ich schreibe weiblich, weil ich Frau bin. Ich sehe und empfinde als Frau. Ich bin als Frau zum Beispiel Tochter und Mutter, Liebespartnerin und Freundin, Kollegin und Kundin, Klientin und Beraterin. Deswegen schreibe ich in der weiblichen Form, auch wenn ich von anderen spreche – im sogenannten generischen Femininum.

Gleichzeitig sind die Adressatinnen nicht festgelegt im Geschlecht.

Ich wende mich an Sie, unabhängig von Geschlecht und Herkunft. Ich schreibe als Frau an Menschen jeden Geschlechts mit dem Wissen, dass wir Menschen nicht nach Geschlecht kategorisieren und damit emotional einschränken dürfen.

**Die Kapitel** beschreiben unterschiedliche Bereiche im Themenfeld Sterben, Tod und Trauer. Es gibt beispielsweise Texte in „Einfacher Sprache", in sogenannter „Schwerer Sprache", mit Kinderworten oder Texte, die Emotionen Ausdruck verleihen. Es handelt von Kindern und Erwachsenen, Jugendlichen und alten Menschen in unterschiedlichen Lebenszusammenhängen.

Ein kurzer theoretischer Teil zu Beginn eines jeden Kapitels erweitert das Verstehen und Begreifen der jeweiligen Situationen und gibt praxisnahe Hintergrundinformationen. So können Sie sich in ganzheitlicher Form mit den Themen Sterben, Tod und Trauer auseinandersetzen. Das Buch möchte Mut machen.

**Die Zwischenkapitel „Praktisch"** benennen konkrete Ideen aus den unterschiedlichen Themenkomplexen und Kapiteln. Sie können miteinander verbunden oder ausgetauscht werden. Trauer ist individuell. Aus diesem Grund schauen Sie gut hin, hören Sie gut hin, spüren Sie gut hin, welche Worte, Methoden und Ideen denen guttun, die Sie begleiten. Auch Erwachsene sollen malen dürfen, wie die Kinder und Kinder wollen vielleicht das „Vater Unser" sprechen oder ein altes Volkslied der Oma singen. Wichtig ist, dass es dem trauernden Menschen entspricht. Leben und Sterben können dann eine sinnhafte und stimmige Verbindung finden.

Das Thema „Tod" trifft jeden Menschen im Laufe des Lebens. Erhofft, ersehnt oder plötzlich, nicht gewollt und unerwartet lässt der Tod eines Menschen immer etwas offen. Trauer als Begleiterscheinung weckt alle Gefühle, die ein Mensch in sich trägt. Trauer vereint Liebe mit Verzweiflung und Wut mit Hoffnung, Mutlosigkeit mit Aufbruch und Freiheitsempfinden mit Bedrohungsängsten. Unzählig viele weitere Emotionen können hier ihren Ort finden und sie sind alle richtig, weil es in der Trauer kein Richtig oder Falsch, sondern nur eine Echtheit geben kann, die zum Innehalten auffordert.

Ich gebe Impulse und Ideen zum Ausdruck von Trauer. Texte vertiefen einzelne Gedanken und Aspekte. Dem Tod eines Menschen folgt die Auseinandersetzung mit dem eigenen Leben. In der Anrede einer Verstorbenen können Impulstexte Halt und Ausdruck geben. Letzte Worte an die Tote, wie ein Brief oder ein Gedanke, verhelfen zu einem Sortieren der eigenen Gedanken.

Wenn es Menschen schwerfällt, sich mit Sterben und Tod auseinanderzusetzen, dann hilft die Beschäftigung mit dem Tod. Der Tod eines anderen Menschen weist auf die eigene und die Endlichkeit alles Lebenden hin. In unserer Gesellschaft, die sich in perfekten Lebenskonstrukten immer wieder selbst erfindet, braucht es Raum für Ehrlichkeit, die Gefühle zulässt. Im Sterben sind alle Menschen gleich. Keine perfekte Show kann über das tiefe Gefühl von Sehnsucht und Trauer hinweghelfen.

Geben Sie Anregungen, in einer unbelasteten Zeit, Ideen für konkrete Situationen des Verlustes zu entwickeln. Durch die Auseinandersetzung mit der Endlichkeit eines Lebens verliert der Tod seinen Schrecken. In der akuten Situation des Sterbens sind Betroffene oftmals *unvorbereitet*, weil der Tod nicht greifbar und begreifbar ist und sich nicht planen lässt.

Wir werden im Alltag herausgefordert, wenn Schicksalsschläge oder Fragen in Krankheit und nach Sterben oder Tod die eigene Existenz in Frage stellen. Ich möchte Sie ermutigen. Trauen Sie sich als Begleiterin Ihren Weg mit Sterbenden zu. Haben Sie Mut zum individuellen und persönlichen Umgang mit Trauer.

Vertrauen Sie Ihrer eigenen und ganz persönlichen Lebensgeschichte und geben Sie sich Raum für Gefühle, Worte, laute und leise Musik, denn so können Sie gleichsam sinnhafte und tragende Begleiterin sein. Mit Textimpulsen kann ich Sie anstoßen in der Auseinandersetzung mit sich selbst und der umgebenden Lebenswelt. Den wirklichen Weg gehen Sie selbst – trauen Sie sich.

Sterben geschieht in unzähligen Formen in unserem Leben. Abschied ist ein Teil im Sterbeprozess. Abschied braucht Trauer. Trauer möchte leidvoll benannt werden, denn so findet sie den Weg durch Wut, Trennung und Resignation, Zerstörung von Zukunftswünschen und einhergehender Verzweiflung. Durch diesen Weg kann sich Trauer transformieren, so dass sie sich in eine Liebe wandelt, die in einer neuen Art und Weise erlebbar ist.

In den Texten greife ich Situationen auf und lasse Emotionen Worte finden und Farbe bekommen. Textimpulse geben Menschen Mut, weiter zu denken und in das eigene Innere hinein zu hören. Sie weiten Ihren Blick und lassen die Liebe zum geliebten Menschen in neue Dimensionen eintauchen.

Im Kapitel „Selbstsorge für Trauerbegleitende" geht es um SIE. Denken Sie in aller Fürsorge und Begleitung Anderer gleichsam an SICH. Impulsfragen und -gedanken geben Ihnen Möglichkeit zur inhaltlichen und organisatorischen Selbstreflektion und zur gesunden Planung von Sterbe- und Trauerbegleitungen. Sorgen Sie für sich selbst, so gelingt es Ihnen gleichsam Sorge für belastete Menschen zu tragen.

**Ich glaube, dass einen jeden Menschen etwas trägt.** Es können Musik oder Naturerleben, Bewegung in Sport, geistige Entwicklung oder Beziehungen sein. Jeder Mensch hat eine innere Haltung, die ihn trägt und zum Handeln motiviert. Das, was uns trägt, gibt uns Kraft und Lebenshoffnung. Es ist Liebe und Lebensatem, Weisheit und Licht, Gerechtigkeit und Vielfalt. Das, was uns trägt, hat unendlich viele Bezeichnungen und Daseinsformen, denn es definiert sich über Unendlichkeit und Leidenschaft. Das, was uns trägt, stützt uns im Leben, im Sterben und über den Tod hinaus. Viele sagen dazu: Gott.

Theologisch betrachtet ist Gott die Ebene, die irdisches und geistiges Sein übersteigt. Menschen finden seit jeher Bezeichnungen für eine Transzendenz. Sie nennen sie beispielsweise „Gott", „Allah", „Jehova", „Seiendes" oder „Wahres". Menschen geben einer unbegreiflichen Instanz einen Namen, um sich mit ihr vertraut zu machen.

Transzendenz grundsätzlich als einen Begriff der „Unendlichkeit" zu betrachten, ermöglicht eine Sicht auf den Umgang mit Sterben und Tod. Das Transzendente ist vor allem irdischen Daseins gewesen und wird nach all jenem Bestand haben. In allen Religionen und Glaubensüberzeugungen spielt der Tod eine zentrale Rolle. Es gibt Phantasien und Vorstellungen von einem Leben nach dem Tod. Seit Menschengedenken besteht eine Hoffnung und eine Sehnsucht darin, dass der Tod nicht *das Letzte* gewesen ist. Im Sterben schließt sich der Kreis zurück zum Anfang, zur Geburt. In den unterschiedlichen Religionen sind Vorstellungen um das Sterben und den Tod vielfältig ausgeprägt. Verbindend ist der Gedanke um ein Leben oder Weitergehen nach dem Tod. So gelingt eine Perspektive von Sinngebung im Leben. Sterben und Leben gehören unzertrennlich zusammen. Als Religionspädagogin vertraue ich in die Auferstehung. Das irdische Leben wird im Sterben zu einer neuen Dimension finden, die kein Arm und Reich, Hässlich und Schön kennt, Machtsysteme werden in der neuen Welt ausgehebelt sein. Dann wird wichtig sein, dass ich bin, wie ich bin. Im irdischen Leben klingt dieser Gedanke bereits an. Gott ist eine Gottheit, die mich sieht und annimmt.

**In jedem Sterben liegt die Trauer.** Das Wort „trauern" ist mit dem gotischen Wort „driusan" verwandt und bedeutet: Fallen, sinken, matt und kraftlos werden. Diese Bedeutung zeigt sich in der Körperhaltung von Traurigen. Sie lassen den Kopf hängen und schlagen die Augen nieder, sie sind müde und wollen sich gerne zurückziehen. Trauer ist eine wichtige Reaktion von Körper und Seele auf einen Verlust von Objekten, Personen, Orten, Ritualen oder Lebensphasen. Sie ist eine spontane, natürliche, normale und selbstverständliche menschliche Reaktion.

Im Lebens-, Jahres- und Tagesrhythmus von uns Menschen kommt es immer wieder zu Trauergefühlen durch Abschied-Situationen. Die Trennung am Bahnhof, wenn ein geliebter Mensch für gewisse Zeit auf Reisen geht, ist ein Abschied auf begrenzte Zeit. Eine Ehe-Scheidung oder das Zerstören von Heimat, beispielsweise durch Hausbrand oder die Umsiedlung im Braunkohletagebau, ist ein endgültiger Abschied. Weggang auf Zeit und endgültiger Abschied sind unterschiedlich zu betrachten und gleichsam haben sie viele Parallelen. Sie bedürfen beide eines Prozesses. Der Abschied auf Zeit fällt uns leichter, da die *gute Aussicht* der Rückkehr begreifbar ist und hoffen lässt.

**Der Tod ist eine Ausnahmeerfahrung und gleichzeitig eine Selbstverständlichkeit** im Leben eines Menschen. Die verbundene Trauer stellt eine Herausforderung für das eigene Leben dar. Ein Todeserlebnis fordert mich zur Auseinandersetzung mit mir selbst heraus. Sterben und Tod geschieht unverhofft oder erwartet, immer unabdingbar und unterschiedlich, so dass es keine Goldene Regel im Umgang mit Trauer gibt. Manche warten auf den Tod. Stirbt ein Mensch plötzlich, bleibt wenig Möglichkeit zur Verabschiedung. Es bleibt Trauer.

Wenn ein Mensch stirbt, dann muss ich mich der Auseinandersetzung stellen, um selbstbestimmt die Situation in eine gute Sicht wenden zu können. Im Tod wandelt sich das Leben der hinterbliebenen Menschen. Er reißt eine Lücke und hinterlässt Spuren in der Familie, in der Wohneinrichtung, im Freundeskreis oder auf der Arbeitsstelle. Trauer braucht Zeit und Wegstrecke. So kann sie sich in neue Lebensfreude wandeln. Im Erleben, dass der Tod unbegreifbar ist, entsteht im ersten Moment Hilflosigkeit. Aus der Hilflosigkeit wird Wut und Gefühlschaos. Das Durchleben dieser extremen Gefühle eröffnet neue Blickwinkel. Wenn wir uns hingeben und bewusst von vertrautem Nicht-Zurückbring-Barem verabschieden, dann können wir alternative Ideen entwickeln. Wir können neue Aspekte erarbeiten und Verlorenes in veränderter Form ins Leben aufnehmen. Trauer braucht Zeit und Geduld. So wandelt sich das Dasein einer Verstorbenen in eine neue Daseinsform. Die Verstorbene nimmt einen anderen Platz im Leben der Hinterbliebenen ein.

**Trauernde Menschen sind verletzte Menschen.** Wunden möchten heilen. Die Heilpädagogik fördert Heilung aus den eigenen Ressourcen eines jeden Menschen und fordert zur Auseinandersetzung mit sich selbst heraus. Die heilpädagogische Haltung ist geprägt durch Empathie, Wertschätzung und Akzeptanz. Sie fördert die innere Heilungskraft eines Menschen durch Erfahrungen von Selbstwirksamkeit. Ihr Ansatz ist ganzheitlich. Ihr Handeln ist konkret an der Lebenswirklichkeit des einzelnen Menschen orientiert und praktisch. Sie bewertet nicht, sie lässt wachsen.

Eine *heilpädagogische Haltung* motiviert dazu, mit sich selbst und mit dem Thema in Berührung zu kommen. Erwachsene im mittleren Alter orientieren sich oftmals an Konventionen und gesellschaftlichen künstlichen Konstrukten, stehen in gesellschaftlichen *Verpflichtungen*, beispielsweise durch den Beruf und die Verantwortung als Eltern. Diese inneren und äußeren Grenzen stellen eine Hemmschwelle dar, wenn Gefühle und Prozesse, wie Trauer, nach Ausdruck suchen. Im heilpädagogischen Ansatz eröffnet die Trauerbegleiterin Möglichkeiten den

Tod natürlich und unabwendbar zu erleben, ohne daran zu zerbrechen. Der Aufbau und die Stärkung des positiven Selbstkonzeptes eines Menschen ist Grundlage der Begleitung. Sterben und Tod gehört zum Leben, das ist in unverfälschter Form in Bereichen der Kinder-, Jugend-, Behinderten- und Altenhilfe präsent, so dass der kreativ-sinnhafte Umgang mit dem Tod oftmals schneller *in den Fluss* kommt als bei sogenannten „regelentwickelten" Erwachsenen zwischen achtzehn und fünfundsechzig Jahren.

Durch eine Mangelentwicklung von Trauer in Kindheit und Jugend entsteht ein Vakuum, welches den Umgang mit Tod erschwert. Erwachsene können zu Dialogpartnerinnen für Kinder werden. Dazu brauchen sie die eigene Auseinandersetzung mit Sterben und Tod. Hieraus ergeben sich die Fragen: *Wovor habe ich Angst? Was beschäftigt mich am Tod? Wie werde ich mit Tod konfrontiert? Wie bin ich gerüstet, wenn der Tod mein Leben ins Stocken bringt?*

Die Heilpädagogik richtet sich an der Klientin aus. Gleichsam nimmt sie alle Dialogpartnerinnen in ihren Rollen und Aufgaben ernst und differenziert, weil jeder Mensch seine eigene Lebensgeschichte mitbringt.

Trauer fordert Halt durch Orientierung, so dass es heilpädagogische Aufgabe ist, diesen Halt durch Empathie, Wertschätzung, Aufklärung, und Selbstreflexion zu geben. Das Aussprechen oder Spiegeln von Gefühlen, Begegnungen und Erfahrungen und das Erleben von gegenseitigem Respekt, so wie die Ermöglichung des Er- und Durchlebens von Trauer sind Methoden der Wahl. Kreative Ausdrucksformen, beispielsweise Bewegung, Spiel, Tanz, Musik oder Farbe, sind Formen des heilpädagogischen Handelns. Werden Tod und Trauer benannt, verlieren sie an Bedrohung.

Gefühle sind schwierig zu beschreiben. Sie sind Geschmack und Melodie, Wort und Schweigen, manchmal unbeschreiblich. Alte Menschen, Menschen mit Behinderungen und Kinder sprechen hier meist eine klare Sprache. Sie können als Vorbild dienen.

Schenken Sie Trauer Zeit, geben Sie Trauer Raum und bieten Sie Trauernden Freiheit zu trauern.

## *Manche*

Manche
warten auf den Tod

Andere
werden gerissen
im Sekundenmoment
aus Lebensatem
und Todesmut

Stirbt ein Mensch
braucht es Raum
zum Abschied nehmen

Es bleibt
Trauer

# Wenn Kinder sterben

Wenn Kinder sterben, dann erscheint das einer jeden Erwachsenen wider die Natur. Es darf nicht sein, dass ein Kind vor der Mutter oder dem Vater, der Oma, dem Opa oder gar den Urgroßeltern stirbt.

Das Gefühl, dem Kind noch unendlich viel Leben zu wünschen und der Mechanismus der Relativität zum eigenen Lebensalter verstärken die Trauer über den Verlust des jungen Menschen.

Viele Vorhaben und Sterne, die gemeinsam erobert werden wollten, erlöschen. Gleichsam einer Wunderkerze, die kraftvoll in Licht entbrennt, ist die Botschaft einer Schwangerschaft für eine Frau mit Kinderwunsch. Keine Mutter wünscht sich die schnell erlöschende Wunderkerze. Ein ewiges Licht soll brennen für ein jedes Kind.

Jung zu sterben bedeutet, das Leben in Kürze auf den Punkt gebracht zu haben. Es bleibt wenig Zeit im irdischen Leben. Die Rückschau gelingt Zurückbleibenden schwer, da die Zukunft im starken Gegengewicht zur tatsächlich gelebten Zeit steht. Mathematisch war mit mehr Zukunft zu rechnen, als sich tatsächlich errechnet hat. Die gewünschte Zukunftszeit übersteigt die tatsächliche Lebenszeit des kleinen Menschen um ein Vielfaches.

Alles, was nicht sein sollte, steht in der Darstellung dessen, was nun zu Ende ist. Verzweiflung und Wut, Ausweglosigkeit und zersplitternde Träume füllen Herz und Verstand von Trauernden.

Ein sterbendes Kind hat, rückblickend, intensiver gelebt als ein Greis, da sich das Erleben auf eine kurze Lebenszeit beschränkt. Die wenigen Momente gewinnen an Wert und verbinden sich gleichsam mit potenziertem Schmerz.

Die Trauer um ein verstorbenes Kind wird die Eltern und Geschwister ein Leben lang als Gepäck begleiten.

Es bleiben viele Wünsche. Unausgesprochen und in Worte gefasst kann ein angemessener Ausdruck für die existierende Not der Lebend-Bleibenden nicht gefunden werden. Es gelingen kleine Versuche der Annäherung und des Trostes, so dass die Not bleibt und gleichsam aufgehoben ist in Liebe.

## Praktisch

Kinder lehren uns das Leben: *Mit allen Sinnen* begreifen. Helfen Sie Trauernden zu weinen und zu schreien, Salz von Tränen zu schmecken und Lieder der Verzweiflung zu singen.
Der *Geruch der Kinderdecke* und das *Lied der Spieluhr*, das *Ultraschallbild im liebevollen Rahmen* und *Sterne an jedem Geburtstag, die in einem Glas gesammelt werden*, tragen in der Trauer und geben ein Gefühl von „Beieinanderbleiben".
Das Kinderzimmer ist ein Ort der leisen Verbindung zum verstorbenen Kind. Ermutigen Sie dazu, das *Kinderzimmer stehen zu lassen*, bis die Zeit gekommen ist. Den Zeitpunkt entscheidet der Mensch im Haus, der am längsten Zeit braucht. Das Kinderzimmer schenkt immer wieder erneut Nähe zum verstorbenen Kind.
Geborgenheit finden Kinder in der Mitte ihres Körpers. Sie *drehen sich ein*. Sich *mit der Körpermitte* zu verbinden kann Gefühle beruhigen. Bieten Sie trauernden Eltern an, sich auf den Rücken zu legen und die *Hände auf dem Bauch ruhen zu lassen*. Dem *Bauchgefühl nachspüren*. Erwachsene können dies nachempfinden und mit verbleibenden Geschwisterkindern oder Freunden praktizieren und zelebrieren. So findet Trauer einen Ort im Körper, wo sie sich in Zuversicht wandelt.
*Körperübungen* helfen, Trauer anzunehmen und zu wandeln. Sie ermöglichen die Aufnahme von Trauer bis in die Tiefe des Körpers. Bewusstes Ein- und Ausatmen, aufrechtes Sitzen oder Stehen mit geschlossenen Augen, lassen die Gegenwart des Kindes in geistiggeistlicher Form ermöglichen.

Das *Gespräch suchen* mit einem eng-vertrauten Menschen oder einem Menschen außerhalb des familiären Zusammenhanges, wie beispielsweise einer Seelsorgerin, einer (Gesprächs-) Therapeutin oder einer Psychologin.
Dem Schmerz Ausdruck geben und *Tränen zulassen. Modellieren mit Ton, kunsttherapeutische Methoden* und *Tanz* geben Möglichkeit den Schmerz aufzufangen oder zu kanalisieren, denn der Schmerz wird bleiben.
Begleiten Sie dabei, Schmerz in Licht zu wandeln.

## *Sternenkind*

Ein Zauber in der Nacht
hat dich zu uns geschickt

Ein Zauber aus Liebe und Sehnsucht
nach mehr

Sehnsucht nach Dir
kleines Sternenkind

Ist das
was bleibt

Ein Sehnen
nach unverblümtem Kinderlachen

Ein Suchen
nach Trost in weichen Kissen

Zarte Kissen
sollen Dich tragen

Gebettet auf Kissen von Sternen
und getragen durch Windhauch

Leichter Wind
verbinde Himmel und Erde

Dass Nächte sternklar bleiben
und wir verbunden sind

In einer jeden Nacht vereint mit Dir
geliebtes Sternenkind

## *Tot geboren*

Klein
noch nicht einmal die Größe eines Apfels

Und doch
ganz viel Leben

Du hast unser Leben verändert
auch wenn Dein Leben
vor dem ersten Atemzug schon endete

Klein
hast Du unser Herz zum Überkochen gebracht

Und auch
unendlich mannigfaltig gegeben

Du hast unser Leben verändert
mit Kraft und zartem Hauch
Du kleinstes Wunder des Lebens

Tot
bist Du geboren

Lebend
bist Du in unseren Träumen und Wünschen

Lebend
bleibe bei uns
in wunderbaren Gedanken vom Leben

## *Geburt und Tod*

Geschützt gelebt
geborgen im Mutterleib
um-liebt und erfreut

Das sanfte Stoßen der Beine unter der Bauchdecke
und das leichte Tanzen zur Musik
verbunden und gemeinsam

Eine ganze Schwangerschaft
sollte Dein Leben dauern
nicht weniger und nicht mehr

Eine ganze Schwangerschaft
von der kleinsten Zelle bis zum fertigen Körperkunstwerk
doch – der Lebensatem fehlt

Geburtskampf
Ringen um Überleben
gemeinsam durchkommen und eintauchen in das neue Leben

Weder füllte Luft Deine Lungen
noch durfte Licht Deine Augen verzaubern
Du bist dem Leben genommen bevor es wirklich beginnen konnte

Der Traum vom gemeinsamen Leben
zerplatzt
in Tränen der Trauer

Doch es bleibt
ein Funke
von Dir

Geliebtes Sternenkind

## *Plötzlicher Kindstod*

Ein kleines Stück Leben
war uns geschenkt

Ist uns geschenkt
in Dir Du Wunder des Lebens

Plötzlich
hast Du den Weg geändert

Unbegreiflich
rinnen uns Tränen

Zu kurz
war unser gemeinsamer Weg

Immer
wirst Du sein

Zuhause
bist Du bei uns

Du kleines Stück Leben
bist uns geschenkt

Unfassbar
die Verzweiflung

Dein zarter Duft
Dein Lachen

Deine leichte Stimme
Du Geschenk des Himmels

Es fehlen
die Worte

Warum
hast Du aufgehört zu atmen

Warum
verstummt Deine Stimme

Warum
wollen Deine Beine nicht
mehr strampeln

Warum

Immer
wirst Du sein

Zuhause
bist Du bei uns

Du kleines Stück Leben
bist uns geschenkt

Unfassbar
die Verzweiflung

Dein zarter Duft
Dein Lachen

Deine leichte Stimme
Du Geschenk des Himmels

## *Bleibe bei mir*

Wenn Kinder sterben
dann ergibt das keinen Sinn

Der Weg
ist noch zu wenig gelaufen

Du bist nicht dran gewesen

Viel zu jung
zu schön
zu lebendig
viel zu wenig Zeit

Viel zu viele Ideen
zu wenig Möglichkeiten diese
gemeinsam erleben zu dürfen

Du wirst da sein

Wenn ich im Garten sitze und
die Blumen anschaue
wirst Du in meinen Gedanken
da sein

Spielen und Tanzen und Singen
und Rufen möchte ich von Dir
hören
das ist mein sehnlichster Wunsch

Ich werde mich freuen

Über jedes Kindergeschrei
und den Spielplatz am Ende
der Straße

Über jede Kugel Eis
und an Deinem Geburtstag
gibt es Kuchen

Denn dann begegnest Du mir

Bleibe bei mir
und begegne mir immer wieder

Reich mir die Hand
wenn die Sonne
meine Nasenspitze berührt

Bleibe hier

Schaukelnd auf dem Mond
wenn Du meine Träume in
der Nacht begleitest

Sei da
wenn ich am Tage Deine
Lieblingskekse esse und dazu
Deine Lieder höre

Warum Du
mein geliebtes Kind

## *Verunglückt*

Mitten aus dem Leben

Mitten im Leben
dem Unglück
nicht entrinnen können

Verzweifelt spüren
es gibt kein Morgen

Der freie Fall
gestern noch Lachen
und Abendbrot
Schulweg
und schmutzige Socken
in der Ecke

Den Moment festhalten
denn es gibt kein Morgen
für uns

Unfall
nicht gewollt
so schnell ändern sich
Perspektiven

Ich möchte Schreien
vor Verzweiflung
und Weinen

Den Schock
die Lähmung
durchbrechen

Weiterweinen
der Kopf dröhnt

Es tut so unfassbar weh
wegwaschen den Schmerz
mein Herz brennt

Nicht wahrhaben
Es kann nicht sein

Es darf nicht sein
Du hattest Pläne
Du fehlst an jeder Stelle

Deine Lücke
bleibt
auf ewig

Hab Dank für unsere Zeit
und sei behütet

## *Dein Lieblingslied*

Wenn morgens Deine Hand
noch mit geschlossenen Augen
nach der Spieluhr griff

Das Lied Deines Aufwachens
wenn die Sonne langsam durch
die Ritzen der Rollläden
kroch
und ich noch zu müde
um bereits an Deinem Bett zu
stehen

Deine leise Melodie
bewegte sich in leichten
Schwingen in mein Herz

Dann hörte ich
Du bist wach

Guten Morgen lieber Tag
Du kannst jetzt kommen
und mein Lied mit mir singen

Direkt über Deinem Kopf
leicht für Dich zu erreichen

Deine Hände wussten
was Dein Herz begehrt

Am Abend
summte die Musik
Dich in den Schlaf

Immer wieder ziehen
an der Schnur
für die wunderbare Melodie

Die schönsten Träume
erzählte das Lied
und ein Lächeln huschte so
gern über Dein Gesicht

Nun schlafe den Schlaf der
Ewigkeit
behütet in Träumen
in Dur

## *Sandspielzeug*

Am Strand
spielen Kinder
im Sand

Der Lieblingsort
an dem Du matschen und buddeln
bauen und Sand rieseln lassen
konntest

Der große Sandlaster
und die Mühle
die leise die feinen Körner
durch die Schaufeln drehte

Die Sandburg
wurde emsig beschützt
vor laufenden Füßen und
unberechenbaren Wellen

Die Wellen spülten immer näher
die Flut war nicht aufzuhalten
und du konntest staunen

Staunen
wie die Burg sich mit dem Wasser
verband
langsam die Mauern schmolzen

Du
unsere Burg
hast gekämpft und gebaut

Du bist verschmolzen
wir konnten die Flut nicht
aufhalten
verschmolzen sind Leben und Tod

Deine Mauern sind eingerissen
zerrissen wurde unser Herz
unter den Füßen der Sand

Langsam spülen
die kleinen Körner
bei jeder Welle
ein wenig mehr den Boden
unter den Füßen weg

Manchmal
ist es ein leichtes Kippen
immer weiter saugt der
Sandboden die Füße ein
Welle um Welle
immer tiefer

Am Strand
bist Du ganz nah
wenn Wasser und Sand
sich verbinden

Wenn die Füße
langsam im Boden versinken
und verschmelzen wie Deine Burg
mit den Wellen des Meeres

Dein Sandspielzeug
in meiner Hand
für Dich
baue ich gerne erneut eine Burg

Immer wieder

Du bist da
wenn Ebbe und Flut
sich verbinden mit mir

## *Krank geboren*

ANDERS bist Du gewesen

Ganz außergewöhnlich
ein besonderer Mensch

BIST anders gewesen

Das schweißt zusammen
und lehrt Gelassenheit zur
Unplanbarkeit

DU bist anders

Krank geboren
gezeichnet
begleitet von Krankenhaus
und besonderen Maßnahmen

ANDERS

Das Leben zwischen Diagnosen
und Therapien
weißen Kitteln
und Desinfektionsmittel

Anders bist du

Ganz besonders
Du

Krankenhaus

Unser Weg
ANDERS

Intensivstation
alles steril
nur Dein Leben nicht

Schwierig und leicht und
besonders
besonders kurz

Operation um Operation

Deine Krankheit
hat Kraft gebraucht und immer
wieder Hoffen

Müde
unendlich müde
von der Müdigkeit

Hoffnungsschimmer

Du zeigtest
was wirklich wichtig ist im Leben

Kinderlachen

Deine Leichtigkeit
Dein Mut und Dein Vertrauen

ANDERS bist Du gewesen

Ganz außergewöhnlich
ein besonderer Mensch

## *Gute Nacht Geschichte*

Du liebtest Geschichten
und ganz besonders
am Abend

Wenn wir gemeinsam am Bett
zusammengekuschelt
die kleine Nachttischlampe
entzündeten

Geschichten von Zauberern
und Feen
von tanzenden Bären und
weinenden Löwen
aus Büchern oder in freier
Phantasie

Vor dem Einschlafen
war es ein besonderes Geschenk
diese kleine gemeinsame Zeit des
Erzählens und Hörens

Ein kleiner Ausflug
in die Welt der Phantasie
in der alles möglich schien
war unser größtes Glück
am Ende des Tages

Manchmal erzähltest Du
die Geschichte zu Ende
manchmal gesellten sich
Deine Geschwister dazu
die gerne Teil
Deiner kleinen Geschichtenwelt
sein wollten

Gute Nacht
für immer
und ewig

Gute Nacht sage ich Dir
an jedem Abend
auf der Bettkante

Ich lösche erst das Licht
nach einem kurzen Moment
einem Gedanken an Feen
und tanzenden Bären

Ich lösche das Licht
an jedem Abend
und träume von Dir
mein Kind

Und Du bist da

# Kinderworte

Erwachsene und Kinder unterscheiden sich in vielen Dingen. Sie gehen mit Sterben und Tod unterschiedlich um. Kinder wählen andere Formen als Erwachsene. Sie fragen, aus ihrer kindlichen Lebenswirklichkeit heraus Dinge, die sie nicht verstehen. Sie stellen Fragen wie: *Wie kommen die Toten denn in den Himmel hoch? Wird die Maus im Grab nass, wenn es regnet? Stimmt es, dass Oma zu Kompost wird? Warum sterben manche Kinder, wenn sie so klein sind wie ein Gummibärchen und manche Menschen erst wenn sie alt sind wie ein Mammut? Ist man tot, wenn man nicht mehr atmet? Warum leben wir? Wie sieht es im Himmel aus? Leben alle Menschen, die gestorben sind, im Himmel? Was passiert nach dem Tod mit uns?*

Kinder stellen konkrete Fragen, weil sie begreifen wollen. Sie achten nicht auf Höflichkeit. Das unterscheidet sie von Erwachsenen.

Erwachsene sind durch ihre Sozialisation geprägt. Sie formulieren bevorzugt von sich ablenkend und hoffnungsbedeutend, um die vermeintlich schwachen Kinder zu ermutigen. Viele Erwachsene wollen Trauer sich selbst und ihrer Umgebung ungern zumuten, so dass sie den Tod schönreden oder verschweigen. Aus eigener Angst und Verunsicherung heraus wird das Thema Tod tabuisiert. Das ist eine Form der Verdrängung, die dazu führt, dass Trauer immer wieder hochkommt und nachstehende Ereignisse beeinflusst.

Erwachsene wollen Kinder schützen und muten ihnen die leidvolle Erfahrung von Tod aus falsch verstandener Fürsorge ungern zu.

Fragt man Erwachsene nach dem Tod, so antworten sie: *Der Tod ist grausam. Der Tod ist schwarz. Der Tod kann eine Erlösung in schwerer Krankheit sein. Der Tod macht mir Angst, weil ich nicht weiß, was danach passiert. Der Tod ist unvorhersehbar.*

Bei Erwachsenen korreliert die Vorstellung vom Tod oftmals mit negativen Gefühlen. Sie wünschen sich Vorhersehbarkeit oder Planbarkeit. Fehlendes konkretes Wissen über den Tod und das *Danach* verunsichert viele.

Erwachsene können von Kindern lernen. Kinder fragen interessiert und gespannt nach dem Tod. Sie lassen sich nicht einschüchtern und nehmen die Tatsache, dass jedes Lebewesen einmal stirbt in natürlicher Weise in ihr Leben und ihre Gedanken auf. Sie entwickeln kreativ Ideen und Gedankenabstraktionen, weil sie sich nicht der gesellschaftlichen *Angst vor Fehlern* unterwerfen. Kinder stellen sich der Auseinandersetzung mit Lebewesen und Sterbeprozess, indem sie das Leben durchspielen und nachbauen, Geschichten erzählen, Gefühle musizieren und Bilder malen. So, wie sie das Leben begreifen wollen, machen sie sich auch den Tod mit seinen Konsequenzen begreifbar und konkret.

Kinderworte sind ehrliche Worte, wenn sie nicht von Erwachsenen gelehrt wurden, über den Tod zu sprechen. Kinder erleben das Sterben, eines Menschen lebensnah und selbstverständlich. Sie wissen bereits im Kindergartenalter, dass zum Leben der Tod gehört. Das Paar aus Leben und Tod leben Kinder unverblümt und relevant.

Von Kindern können Erwachsene lernen. Traurigkeit und praktische Fragen, Lachen über gemeinsam erlebte Geschichten und gelebte Gefühle lassen Kinder den Tod eines geliebten Menschen verarbeiten. Wenn Erwachsene Kinder begleiten, bedarf es des guten Hinhörens. Verbote und eingeübte Rituale entfernen Kinder von ihrem eigentlichen Trauer-Empfinden. Dieses kindliche Trauerempfinden ist in jedem Menschen angelegt.

Gesellschaftlich findet Trauer wenige Orte. Trauer wird vermehrt hinter verschlossenen Türen und leise gelebt.

Kinder nehmen sich die Zeit – wenn sie von Erwachsenen nicht behindert werden. Sie wollen begreifen und verstehen. Sie holen den toten Menschen immer wieder in die Gegenwart, indem sie erzählen und Fragen stellen.

Kinder dürfen ihre eigenen Formen entwickeln, manchmal brauchen sie Unterstützung von Erwachsenen im begleitenden oder praktischen Sinn. Unkonventionell und nicht immer an den sogenannten gängigen Normen orientiert, können Familien ihren Weg gemeinsam gehen.

Nutzen Erwachsene die Klarheit der Kinder, so kann ein ehrlicher Umgang mit Trauer gelingen.

## Praktisch

Kinder wollen weinen und ihre Wut herausschreien.
Gefühle brauchen Raum – ohne Einschränkung, Begleitung in der Auslebung von Gefühlen, Trost durch Nähe oder Musik und das Zulassen von ungewöhnlichen Reaktionen unterstützt Kinder in ihrer Trauer.
*Malen* mit Buntstiften, Ölkreiden, Fingerfarben auf Papier, Leinwänden oder Pappen in kleinen und großen Formaten ermöglicht Kindern ihrer Trauer Farbe zu geben. Sie sollten unbeeinflusst frei malen können.
Kinder wollen den Tod begreifen. Den *Sarg zu bemalen,* kann dem Tod Realität und Farbe geben. Auch kann es helfen, noch *etwas Schönes* für die Verstorbene gemacht zu haben und es ihr mit auf den Weg zu geben.
*Gesprächspartnerin sein und Zuhörende*: Wichtig ist dabei, dass das Kind entscheidet, ob es erzählt, was es erzählt und wie es erzählen möchte. Eine *ruhige Atmosphäre*, ggf. gemeinsam eine Kerze entzünden oder eine Geschichte lesen, ein Lied singen oder über den schönsten Witz der Verstorbenen lachen, fördert das Selbstbewusstsein und stärkt das Kind in seinem Traurigkeitsempfinden. Die stille Atmosphäre schenkt Schutz für Tränen und ermöglicht Fragen, Verstehen und Gespräch.
Es kann auch sein, dass Kinder Bewegung brauchen. Lassen sie das Kind laufen, rennen - so schnell es kann - tanzen und motivieren Sie das Kind, dem Körper freien Ausdruck zu geben. Manchmal hilft Musik.

## *Oma*

Liebe Oma
Dein Kuchen war lecker

Ich wollte Dir noch sagen
dass Du mir fehlst

Wenn ich an Dich denke
dann freue ich mich

Dann hüpft mein Herz
und ich denke an unsere schönen Ausflüge

Liebe Oma
ich hoffe es geht Dir gut da oben im Himmel

## *Opa*

Du konntest gut zuhören
und bei Dir war es immer so gemütlich
auf dem Schoß

Du fehlst mir
und ich bin traurig

Wenn wir zusammen im Garten gesessen haben
oder die Pflaumen von der Wiese aufsammelten
dann dachte ich Dein Garten ist ein Paradies

Du fehlst mir
und ich bin traurig

Deine Geschichten
und Deine Lieder
Dein Gesicht mit dem weichen Bart

Du fehlst mir
und ich bin traurig

## *Mama*

Du warst immer da

Wenn ich traurig war
hast Du mich getröstet

Du warst immer da

Wenn ich Hunger hatte
hast Du lecker gekocht
oder mir ein Brot mit schönen
Dingen vorbereitet

Du warst immer da

Wenn ich nicht einschlafen konnte
dann hast Du mir wunderbare Geschichten erzählt

Du warst immer da

Wenn ich nicht weiter wusste
dann hattest Du eine gute Idee

Du warst immer da

Wenn ich Freunde eingeladen habe
dann hast Du Dich gefreut

Du warst immer da

Du backtest die leckersten Geburtstagskuchen
und hast die schönsten Lieder gesungen

Danke Mama

## *Papa*

Papa hatte warme Füße
und lustige Einfälle

Papa
wird im Himmel eigentlich auch gelacht?

Manchmal fand Mama das nicht so lustig
wie wir Kinder

Papa
hoffentlich hast Du im Himmel auch ganz viele Freunde

Papa
wo ist der Himmel und wo bist Du jetzt genau?

Du hast immer eine Lösung gehabt
und wusstest wie ich mutig werden kann

Papa
wie hilfst Du mir wenn ich Dich jetzt nicht mehr sehen kann?

Papa
ich wünsche mir dass es Dir gut geht

## *Wo bist Du, wenn ich Dich nicht mehr sehe?*

Du bist gestorben

Das heißt
dass Du nicht schläfst
denn Du wachst nie wieder auf

Tot ist tot

Wo bist Du
wenn ich Dich nicht mehr sehe?
Ich kann das schwer verstehen

Ich weiß nicht wo Du bist

Bist Du auf dem Friedhof?
Oder im Himmel?
Oder ganz woanders?

Du bist nicht mehr da

Ich kann nicht mehr mit Dir spielen
Du gibst mir keine Antwort mehr
Gemeinsam können wir nicht mehr Lachen

Trotzdem bist Du da

Wenn wir Deine Geschichten erzählen
dann freue ich mich
Wenn wir Dein Lieblingsessen kochen
dann schmeckt das besonders gut
Wenn ich in Deinem Sessel sitze dann spüre
ich dass Du da bist

Du bist da
aber anders

## *Dein Haus ist jetzt ganz anders*

Da ist jetzt kein Licht mehr
die Gardinen bewegen sich nie
die Rollläden sind immer halb hoch

Dein Haus ist jetzt ganz anders

Andere Menschen klingeln an der Tür
und Dein Name ist verschwunden
wenn ich vor der Haustür stehe

Manchmal möchte ich gerne klingeln

Vielleicht machst Du ja doch auf?
Ich finde das schwer
wenn Du nicht mehr da bist

Irgendwann werde ich zu Deinem Haus gehen

Und dann kann ich den neuen Menschen
die dort wohnen
von Dir erzählen

Dann bist Du vielleicht wieder da

Dann können die Menschen dort
Dich kennenlernen
und dann bist Du für mich da

Aber anders

## *Ich habe ein Bild für Dich gemalt*

Ich habe ein Bild für Dich gemalt
mit bunten Farben

Es soll Dir sagen:
Ich vermisse Dich

Ich lege es in Dein Grab
damit Du immer an mich denkst

Ich habe Dich gemalt
mit mir

Mit Deinen Lieblingsfarben
denn ich möchte dass Du glücklich bist

Ich bin traurig
das Bild ist für Dich

Das Bild hilft
wieder froh zu sein

## *Ich bin voll mit Trauer*

Manchmal fühle ich mich ganz schwer

Dann ist mein Herz wie ein Stein
und ich weiß nicht was meine Gefühle tun

Ich möchte dann schreien oder weinen
und die ganze Welt ist so dunkel für mich

Ich bin voll mit Trauer
und das hört nicht auf

Wann hört es auf, dass ich so schrecklich traurig bin
und dass ich Dich so sehr vermisse?

Es hört nicht auf
und am Abend weine ich

Ich möchte
dass Du da bist

Ich bin voll mit Trauer
das tut weh

## *Wenn Du tot bist, wirst Du begraben*

Wenn Du tot bist
wirst Du begraben

In einem Grab
auf einem Friedhof

Vielleicht liegst Du in einem Sarg
das ist eine große Holzkiste

Vielleicht wirst Du verbrannt
und Asche bleibt übrig

Asche kommt in eine Urne
die ist klein und rund und hat ein kleines Grab

Wenn Du begraben bist
bleibst Du immer am gleichen Ort

Dort können Dich alle Menschen besuchen
Deine Familie und Deine Freunde und alle Menschen
die Dich gerne haben

Auch ich kann Dich immer am Grab besuchen
Das ist gut

Dann weiß ich, dass Du immer da bist
ich kann Dich besuchen und Dir guten Tag sagen

Ich kann Dir auf dem Friedhof erzählen
was ich erlebt habe und wie ich mich fühle

Es ist gut
dass ich Dich immer wieder besuchen kann

## *Der Himmel*

Wenn ich in den Himmel schaue
dann denke ich an Dich
und freue mich

Manchmal gibt es Regen-Wolken
dann können wir zusammen weinen
und auf die Sonne warten

Wenn die Sonne scheint
dann ist das
als ob Du mich wärmst von da oben

Wenn der Wind weht
dann hört es sich an
als ob Du mir Geschichten erzählst

Und im Winter schickst Du mir mit
dem Schnee eine warme Decke
weil Du weißt
dass ich nicht gerne friere

In der Nacht leuchten die Sterne
sie schicken mir schöne Träume
und singen ein Gutenachtlied

Der Himmel ist immer und überall
und so bist Du überall bei mir
und passt auf mich auf

# Wenn Erwachsene um Jugendliche trauern

Mittendrin im Lebenspuls sind Menschen in der Blüte ihrer Jugend. Wenn eine Jugendliche stirbt, dann ist das Leben einer Erwachsenen vollkommen entrückt. Jugendliche, die sterben, obwohl sie gerade ihre ersten Pläne fürs Leben entworfen haben, drehen die Uhr auf links herum. Die Zeiger wandern plötzlich falsch herum, denn der Tod verändert und zerstört den aufgebauten Turm vom Leben. Auf dem Weg in die Selbständigkeit hat die Straße des Lebens nicht getragen.

Bei Jugendlichen, genau wie bei Erwachsenen, gibt es die Unterscheidung zwischen selbst und fremd entschiedenem Tod. Der selbst gewählte Tod in diesem Alter ist das höchste Maß der Verzweiflung und Einsamkeit.

Wenn Krankheit, Unfall oder Fremdverschulden die Zeitachse eines menschlichen Lebens verschieben, spüren Jugendliche den Gegenwind gegen die natürliche Entwicklung. Sie reißen heraus aus einem natürlichen Lebenswerdegang und -wachstum. Die stürmische Jugend endet. Das Gefühl von Unsterblichkeit weicht der Realität, dass jedes Leben endlich ist.

Jugend bedeutet Autonomiebestreben, Freiheit gestalten und Verantwortung leben. Von Familie und Freunden wird in der Phase der Adoleszenz viel abverlangt. Zwischen „Fallen lassen“ und „Halt geben“ balancieren Betroffene auf dem Drahtseil und ringen um ein gutes Gleichgewicht. Stirbt ein Mensch in dieser Entwicklungsphase, so schwingt bei Lehrerinnen, Eltern, Betreuerinnen und Wegbegleiterinnen das Gefühl von Hilflosigkeit und Schuldgefühl mit.

Im Raum steht die Frage: *Welches Maß wäre richtig gewesen?* Gedanken kreisen bei begleitenden Personen um vertane Chancen. *Brauchte die Verstorbene mehr Zuwendung, weniger Aufmerksamkeit, hat sie zu viel Leichtsinn erfahren oder zu wenig Fürsorge?* Diese Fragen finden keine Antwort. Auch Fragen, wie: *Was hätte es noch gebraucht um das Leben zu verlängern, besser gelingen zu lassen oder die Lebensqualität zu erhöhen?* bleiben unbeantwortet. Auf viele Fragen gibt es keine Antwort. Es ist, wie es ist. Am Ende steht alleinig der Tod. Unbeantwortet.

Erwachsene Trauernde fühlen sich in hohem Grad ausgeliefert, da sie das Gefühl haben, nicht genug dagewesen zu sein und nicht genug hingehört zu haben. Andererseits wissen sie, dass Jugendliche in der Pubertät ausprobieren wollen. Sie lernen, Dinge selbständig zu lösen. Das Wissen um die Abnabelung von Kindheit und Elternhaus in dieser Lebensphase hilft Trauernden nicht.

Macht Krankheit einen Strich durch die Rechnung, dann beginnt Trauer bereits bevor der geliebte Mensch verstorben ist. Trauer vermischt sich im Bewusstsein um das Sterben mit dem Abschiednehmen bereits im Sterbeprozess.

Auch todkranke Jugendliche haben das Recht auf Selbstbestimmung. Selbst wenn – und gerade, weil – das Leben von Krankheit bedroht ist, sind Sterbende mündige Entscheiderinnen. Als Jugendliche erkämpfen sich Menschen dieses Recht in höherem Maße als im Erwachsenenalter. Es kommt zu Konflikten, weil eine Vermischung von Elternsorge und Verlustangst der Familie dem Lebensgestaltungswillen und Sterbewunsch der Todkranken gegenübersteht.

## Praktisch

> Verleihen Sie Trauer Worte.
> Finden Sie Formen und Bilder, die Gefühle der Trauernden sichtbar machen. *Kerzen* und *Lieblingsgegenstände, Symbolhandlungen*, die die Trauernden mit der Verstorbenen verbinden, schaffen eine gedankliche Brücke zur Toten. *Musik* ist wie eine Handkarre, die der Trauernden hilft, ihre Trauer zu tragen. Dabei spielt persönliche Ästhetik eine große Rolle. Diese sollte akzeptiert, geachtet und gefördert werden.

Stellen Sie sich bei der Suche nach Formen und Bildern stets die Frage nach dem richtigen Maß und ob es in Ihre Trauerbegleitungsbeziehung passt. Nicht jedes Symbol und nicht jede Handlung, die Ihnen passend erscheint, tut der Trauernden gut. Das gilt auch andersherum. Sie können nur Formen übermitteln, in denen Sie selbst authentisch sind. Das bedeutet nicht, dass es immer Ihre tiefste Überzeugung sein muss, schließlich richtet sich die Trauerbegleitung an der Trauernden aus, es bedeutet jedoch, dass Sie sich nicht verstellen sollten. Trauernde fühlen sich belogen, wenn sie spüren, dass Sie mit Symbolen und entsprechenden Handlungen Schwierigkeiten haben. Sie werden dann nicht als authentisch erlebt.

## *Du warst noch so jung*

Die Hormone drehten durch
Deine Frisur entsprach nicht
immer meinem Wunschgedanken

Laute Musik
Farben der Jugend

Nicht immer mein Geschmack

Wie sehr wünschte ich mir
genau das
gerade und heute und hier

Mitten im Leben
mitten aus dem Leben gerissen

Strotzend voll Energie
wo ist die Energie nun geblieben

Du bist tot

Ich möchte
rufen
schreien
begreifen

Es gelingt mir nicht
wo bist Du nur
und warum

Ich wollte Dich durch
die Schule begleiten

Hätte so gerne Deinen
Herzensmenschen
kennengelernt
Wie siehst Du aus
wenn Du verliebt bist

Wie hätte Deine erste eigene
Bude ausgesehen
Was wäre Dein Beruf gewesen

Warum

Du hattest noch so viel vor
mit Deinen Abenteueraugen

Du hattest Pläne und Ideen
vom Leben

Du bist noch so jung

## *Die Krankheit hat das Leben verdrängt*

Dein Kopf
in meinen Händen

streicheln zart
die weichen Wangen
die noch so viel Liebe sollten

Lieb gekost und lieb geküsst
mit lachenden Grübchen

Deine Stirn
nicht mehr fragend in Falten
oder gerunzelt zum Vorwurf
an elterliche Überzeugungen

Der Krankheit die Stirn bieten
mit allem Wollen und Verstand

Es ist nicht gelungen
da sollte ein anderer Plan erfüllt
werden

Nicht unsere Idee vom Leben

Schmerzen
kannst Du nun vergessen

Therapien
sind nur noch Schall und Rauch

Du hast gerungen und gekämpft
verzweifelt und siegessicher
hast Du das Leben verloren

Tritt ein
in die neue Welt
und halte uns einen Platz frei

Ganz in Deiner Nähe

Da
wo Du nun bist
wird hoffentlich Freude über
den Tod gewinnen

Warte
und erwarte uns

## Unglück

Wenn von außen
plötzlich entschieden wird

Es ist Ende mit dem Leben
aus Rücksichtslosigkeit
und auf Kosten Unschuldiger

Dann setzt der Verstand aus
und Empathie kann nicht gelingen

Wenn die Verzweiflung des Einen
den Tod des Anderen fordert
kann Recht nicht gesprochen werden

Wer hat das Recht
über das Leben von anderen zu bestimmen?

Trost kann nur schwer gelingen
weil die eigene Wut lähmt
wenn die Ungerechtigkeit so grausam ist

Und doch
sei gerecht mit Dir

Auch wenn es keine Erklärung gibt
kein Verstehen und Begreifen
Da wird jemand sein und Tränen trocknen

Eine Freundin
ein Freund

Sei getrost
und niemals allein

## *Unbegreiflich*

Wenn ich
Deine Zimmertüre öffne
liegt noch sanft
der Duft Deiner Haare
in der Luft

Ich sehe sie im Wind wehen

An jeder Ecke sehe ich Dich
stehen
höre Dein Lachen
und Deine Stimme
die Worte vom Leben erzählen

Ich höre ich immerfort

Warum öffnest Du nicht die
Küchentür
und kommst herein
und gehst an den Kühlschrank
und setzt Dich
an unseren Esstisch
Das Glas in der Hand

Es wäre so schön Dich zu sehen

Ich spüre Deine Hand in meiner
als säßen wir beisammen
und schauten nach den Sternen
und dem Mond

Auf der Bank im Garten
verbinden uns
Gedanken

Ich möchte Dich greifen
und kann es nicht begreifen
dass Du nicht mehr bist
im Hier und Jetzt

Unbegreiflich

## *Herzinfarkt – Das Leben plötzlich auf der Null-Linie*

Mitten im Lauf
bleibt Dein Herz stehen

Von hundert auf null
in wenigen Sekunden

Reanimation
erfolglos

Das Herz
kraftlos

Deine Liebe
hat keine Kammern mehr

Das Blut in den Gefäßen
gefriert

Mitten im Lauf
stolpert der Rhythmus
und setzt aus

Null-Linie
anhaltender monotoner Ton

Wird unerträglich
weil unabdingbar

Mein Herz zerspringt
ich vermisse dich

Der Muskel der Lebenssäfte
erschlafft

Aus dem Leben gesprengt
plötzlich auf dem Weg

Deines Lebens

Mein Herz verkrampft
und blutet vor Schmerz

## *Dein Gesicht*

Mit großen Augen
hast Du dem Leben so gern ins Gesicht geblickt

Hast dem Stunk die Stirn gezeigt
und Freudentränen mit Leidenschaft vergossen

Du liebtest feine Düfte
und derbe Gerüche

Deftig und kraftvoll durfte es sein
bodenständig hast Du Deine Schritte gesetzt

Töne in Dur und in Moll
war Deinen Ohren gute Musik

Ehrliche Sprache
mit Herz und Mund verlässlich in jedem Versprechen

Herzhaft und süß
durfte jedes Essen auf Deinem Teller Platz nehmen

Dein Gesicht
ohne Falten und unberührt

Der Zahn der Zeit
hatte wenig Möglichkeit Sorgenfalten zu graben

Die Zunge offen für Gespräch und Diskussion
und gleichsam hast Du den Mund selten zu voll genommen

Weise konnte Dein Gesicht nicht werden
und doch sieht man in Dir den Sinn für Gerechtigkeit und Humor

## *Luftballons*

Wie bunte Ballons
möchte ich meine Gedanken
an den Himmel setzen

Leicht und schwerelos
fliegen
bis zu Deiner unendlich bleibenden Jugend

Deine Träume auf den Weg schicken
in blau und gelb und rot
dem Himmel Deine Farben schenken

Himmelwärts
Sehnen und Weinen
Hoffen und Lieben

Luftballons
in bunten Farben
verbinden Himmel und Erde

## *Nicht getanzter Tanz*

Immer wieder aufgeschoben
anderes wichtiger
Hausaufgaben und
Musikunterricht
Schule und Sport

Taktung
gegen Nachdenken

Vielleicht hätte der Tanz
Dich heute
ergriffen
in Herz und Füßen

Es zeigt mir
Das Leben ist jetzt

Lässt mich meine Bewegungen
auskosten
Jetzt
meine Lebensmelodie
wahrnehmen
weil niemand weiß
wann mein Lied verstummt

Reich mir die Hand
mein Leben

Und verbinde mich mit Dir
wo Du nun tanzt
und die Bretter einer anderen
Bühne bespielst
mit Deinem Rhythmus

Ich schließe die Augen
und tanze Deinen Tanz weiter

Ein kleines Stück
Deine Bewegung in mich
aufnehmen
auf meine Weise
und erkennen

Nicht jeder Tanz muss zu
Ende getanzt werden
damit ein Stück von Deinem
Schwung in der Luft bleibt

# Wenn Jugendliche trauern

Jugendliche schauen zurück auf Kindheitserfahrungen und beginnen diese zu sortieren. Das Fundament der Kindheit ist gelegt und nun soll die Gestaltung von Lebensentwürfen konkret werden.
Jugend als Gestaltort für Erwachsenwerden und Erwachsensein. Hormone sortieren sich, der Bauplan verwandelt sich. Körper und Geist stecken im Chaos. Das Leben und die Zukunft sind offen. Jugendliche verleihen ihren Träumen Farben und sie spinnen Lebensideen. Das Leben pulsiert mit jedem Muskel, Hormon und Gefühl.

In dieser Lebensphase ist der Tod Thema. Jugendliche setzen sich mit den drei Lebens-Fragen auseinander: *Wer bin ich? Woher komme ich? An was glaube ich?*

Aus diesen drei Fragen zum Leben stellt sich gleichsam die Frage nach dem Nicht-Leben.

Junge Menschen denken über den Tod nach und philosophieren. Jugendliche erleben Lebens-Krisen und stellen das Leben in Frage. Fragen nach dem Sinn des Lebens münden in Gedanken über das, was sein wird – im Tod: *Was ist der Tod? Was passiert im Sterben? Was erwartet mich nach dem Tod?*

Jugendliche trauern anders als Erwachsene. Sie erleben Krisen zum ersten Mal und empfinden sie als Bedrohung. Sie verlieben sich zum ersten Mal, erleben den ersten Trennungsschmerz und lernen zwischen Abgrenzung und Konformität den eigenen Weg kennen.

Jugendliche stellen mit dem Tod eines Freundes, der Oma oder einer anderen Wegbegleiterin fest, dass der Tod eine Tatsache ist, die unabdingbar ist. Sie ringen mit Schmerz, ziehen sich zurück oder schreien laut. Sie leben ihre Emotionen intensiver als Erwachsene, weil sie noch nicht gefühls-sozialisiert sind.

Sie durchleben die Phasen der Trauer mit dem ganzen Körper und mit allen Sinnen. Jugendliche leben Trauer in intensiven Bildern, so dass Bilder gleichsam hilfreich in der Trauerbegleitung sind.

## Praktisch

Jugendliche Freunde der Toten finden mit dem Bau einer *Klagemauer* einen Ort, an dem Gefühle benannt werden. Mit dem Aufschreiben von Gedanken auf Papierrollen – *Klage-Rollen* – verbalisieren Jugendliche ihre Gefühle: *Ich weine, weil ... Ich bin verzweifelt, weil ...* Bauen Sie gemeinsam mit den trauernden Jugendlichen eine Mauer aus Steinen. Auf Papierrollen schreiben die Jugendlichen ihre *Klagen* in Form von Gefühls-Benennungen. Die *Klagen* stecken die Trauernden als Papierrollen zwischen die Steine. Diese Methode ist ein Teil der Verabschiedungsfeier oder eine Möglichkeit des stillen Abschieds in einem besonders dafür vorbereiteten Raum, wie beispielsweise ein *Raum der Stille* oder ein Bereich im Flur, wo die Jugendlichen unabhängig vom zeitlichen Rahmen sein können.

Jugendliche schreiben gerne *Tagebuch*. Indem sie ihre Gedanken sortieren und benennen, erleichtert sich ihre Seele und der Kopf klärt sich. Das Schreiben eines Tagesbuchs gibt jugendlicher Trauer Raum. Das Tagebuch wird zur verschwiegenen Freundin, die keine Erklärungen braucht und jedes Gefühl duldet. Tagebücher können verschiedene Formen haben: Eine leere Kladde, ein Bullet-Journal oder eine Textdatei auf dem Computer.

*Wunderkerzen* sind ein Sinnbild für unerfüllte gemeinsame Träume. Sie geben Raum für einen Moment des Innehaltens. Wenn sie entzündet werden, entsteht eine stille Verbindung zur Toten.

Aufsteigende *Luftballons* verbinden Himmel und Erde miteinander. Für einen jungen Menschen sind sie einerseits die Brücke in die Kindheit, als sie unbedarft gespielt haben, andererseits sind sie *Botschaften-Träger*. Sie tragen Gedanken in die andere Welt, wo der geliebte Mensch nun ist und was unbegreifbar ist. Luftballons symbolisieren die Sehnsucht nach Leichtigkeit und verbinden im Bild das Leben mit dem Tod.

## *Unerfüllte gemeinsame Träume*

Geplatzte Träume
unerfüllt
liegen in Scherben vor mir auf dem Boden

Deine Ideen und Vorstellungen
Pläne und Wünsche
liegen zusammengekehrt im Scherbenhaufen

Und Dein Leben
kann nicht wieder geholt werden
bleibt unerfüllt

Deine Träume
und meine Träume
haben keine Chance mehr auf Verbindung

Geplatzt
zersprungen
in tausend mal tausend Teile

Gemeinsam
wandelt sich der Weg
auf merkwürdige Art und Weise

## *Klagemauer*

Ich möchte eine Mauer bauen
für Klage und Tränen

Steine aus Naturstein
lassen Raum für Zwischenräume

Zwischenräume
sollen gefüllt werden mit meiner Not

Klagend möchte ich meine Hände in die Luft werfen
und meine Verzweiflung in alle Winde rufen

Eine Mauer der Trauer und Wut
über Ungerechtigkeit und frühen Tod

Klagemauer für das Leben
und gegen das Sterben der Erinnerung

Ritzen gefüllt
mit Mörtel unserer Geschichten

Steine der Ewigkeit sind die Substanz
für Halt und Trost

Lass uns gemeinsam eine Klagemauer bauen
und erinnern an das Leichte und Schöne

Einander die Hände reichen
und die Mauer überspringen

Der Sprung ins Leben
mitten im Tod

Über die Mauer hüpfen
und die Steine der Verzweiflung liegen lassen

Klagemauer braucht Schmerz und Aufrichtung
wandelt Not in Zuversicht.

## *Luftballongedanken*

Bunt steigt in die Luft
der Ballon
meiner Sehnsucht

Wenn ich an Dich denke
steigen Tränen
und Wut
Verzweiflung
und unendliche Liebe

Ich vermisse Dich so sehr
Deine Gedanken
und Deine Hände
Deine Stimme
und Dein Duft

Es bleibt die Sehnsucht

Die zwischen Erde und Himmel aufsteigt
wenn ich den bunten Farben folge
bis nur noch ein leiser Punkt am Firmament
erahnen lässt
da bist Du

## *Steine aus Tränen*

Ich stapele
und baue
schleppe meine Schmerzen
mit mir rum

Ich baue eine Mauer der Klage
denn es ist so viel noch nicht gesagt

Worte und Gefühle
stecken in meinem Hals
warten darauf
geklagt zu werden

In den Zwischenräumen ist Platz für Tränen und Ohnmacht
Geborgenheit in hoffnungsloser Schwere

Jeder Stein ein Nicht-Verstehen
Stein um Stein
um Stein um Stein
werden mir die Füße wie Blei

Vielleicht kann durch die Ritzen etwas Leuchten
ein kleines Stückchen Kraft

Die Mauer darf mich nicht umringen
da mir sonst der Atem stockt
weg bleibt dann der nächste Schritt
Atemzug um Atemzug

Am Ende wird sie aufbrechen
gegen allen Widerstand in mir

Am Ende
werden die Klagen
zu Schmetterlingen
die bunt vom Leben erzählen

## *Freundesfrei*

Du hast mich verlassen
bist nicht mehr da

Warum

Warum

Wo ist unsere Freundschaft
wenn Du Dich aus dem Staub machst
zu Staub wirst
und nicht mehr da bist

Ich brauche Dein Gegenüber
Dein Lachen und Weinen

Mir fehlt unser Streit

Ich sehne mich nach unseren geheimen Botschaften
die niemand kennt
nur Du und Ich

Warum

Warum

Warum

Schreit mein Herz
weil Du weg bist
nicht mehr da

Und ich bin freundesfrei
ohne vertrauten Mensch in meiner Nähe

Freundesfrei ist nicht frei
ist nicht gut
ist allein

## *Immer warst Du für mich da*

Du hast für mich gesorgt
alle meine Tränen getrocknet

Du hast jede Geschichte von mir gehört
immer hattest Du Zeit
für Lego und Bilderbücher
Liebeskummer und Wut im Bauch

Wenn ich jetzt am Grab stehe
dann wird mir schwindelig

Niemand kennt mich so wie Du
niemand hat Deine Geduld
und niemand nimmt mich jetzt noch auf den Schoß
und küsst meine Tränen
einfach weg

An der Zimmerdecke schwebt meine Traurigkeit
wie eine Wolke

Manchmal puste ist sie leicht beiseite
und abends deckt sie mich zu

Wünsch mir gute Träume
singe mich in den Schlaf
halte meine Hand

Ich vermisse Dich so sehr

## *Wie ein Regenbogen*

Wenn ich an Dich denke
dann ist es wie ein Regenbogen
der über mir seine Arme breitet

Manchmal koche ich rot
vor Wut

An anderen Tagen
stimmt es mich milde und ich bin
neugierig ausgelassen
auf das waskommt
auch ohne Dich

Das Gelb macht mich froh
weil ich an unsere
Sonnenmomente denke
aus denen ich immer wieder
Kraft bekomme

Hoffend im Grün
liege ich auf der Wiese
und denke dass es mit Dir
viel schöner war
viel bunter und wünsche mir
dass es endlich aufhört:
das Weinen

Hellblau
fühlt sich der Gedanke an
dass ich im Wind immer wieder
Deinen Atem spüre
dann glaube ich
und dann merke ich: Du bist da

Versöhnlich stimmt mich violett
das Wissen
dass es weiter geht
auch wenn ich jetzt
echt nicht weiß
wie soll das gehen ohne Dich

Ich wünsche mir die rosarote
Brille
und sie kommt leider nicht

Weder Brille
noch Du

Aber vielleicht irgendwann

# Erwachsen

Erwachsene wissen: Nichts ist so sicher, wie der Tod. Sie wollen vernünftig sein und abgeklärt. Das gelingt nicht immer. Es gelingt meist nicht, wenn ein wichtiger Mensch stirbt.

Je älter der Mensch wird, desto klarer steht im Raum, dass der Tod näher rückt. Die Geburt liegt weit und weiter zurück. Die Wahrscheinlichkeit, dass die Jahre bis zum Sterben weniger sind als die bis zur zurückliegenden Geburt, steigt. Doch hilft jedes rationale Rechenexempel nicht, wenn sich im Sterben ein besonderer Mensch aus der Welt verabschiedet.

Erwachsene erleben den Tod unterschiedlich. Manche planen und organisieren die eigene Beerdigung mit Wahl der Grabstätte und Trauerrede, andere sind in Angst vor dem, was kommen könnte und wieder andere lassen den eigenen Tod – vertrauend in das Leben – auf sich zu kommen. *Ist alles erledigt, was im Leben noch zu erledigen war?* Nicht immer gelingt die Beantwortung dieser Frage und niemals verläuft der Tod nach Plan der Trauernden. Erwachsenen fällt es oftmals schwer damit umzugehen, dass der natürliche Tod nicht planbar ist. Das Ruder aus der Hand zu geben und vertrauend das Lebensende zu erwarten ist eine Kunst.

Binden erwachsene Sterbende ihr Umfeld in die eigenen Gedanken ein, so wird ein gemeinsamer Sterbe-Weg gegangen, der die anschließende Trauer der Hinterbliebenen prägt. Erwachsene Trauernde haben vielleicht mit dem Sterbenden über das Sterben gesprochen oder sie gehen den Weg der Trauer mit anderen Trauernden oder allein. Trauerwege bei Erwachsenen sind geprägt durch Biographie und Traditionen in der Familie und im Umfeld: *Wird der Tod offen angesprochen oder eher totgeschwiegen? Gibt es Symbolhandlungen, die in Trauersituationen verbinden? Wird laut oder leise geweint? Darf auch gelacht werden über schöne ge-*

*meinsame Erinnerungen? Gibt es Geheimnisse, wie Liebschaften, versteckte Gewalt in der Familie beim angesehenen Menschen des Ortes oder unausgesprochene Verletzungen?*

Erwachsene Trauernde tragen ihr eigenes Leben mit in die Trauer um die Verstorbene. Der Tod stellt das eigene Leben, die eigene und die gemeinsame Geschichte in Frage und in ein neues Licht. Es stirbt ein Mensch. Nicht perfekt und nicht immer gutherzig. Es sterben eben nicht immer nur *die Guten*. Trauer darf auch Wut und Ärger über Ungerechtigkeit des Verstorbenen zulassen. Kein Mensch ist perfekt und so hinterlässt jeder Mensch schöne Geschichten und Verletzungen.

Gemeinsam Trauernde sind selten am gleichen Punkt ihrer jeweiligen Trauergeschichte. So ist der Spagat zwischen Trauernden untereinander unterschiedlich. Als Begleiterin unterstützen Sie Trauernde darin bei sich zu sein und den eigenen Punkt ihrer Trauer wahrzunehmen und zu verfolgen. Manchmal hilft Vernetzung von Trauernden untereinander und in anderen Situationen ist es sinnvoll den Fokus bei sich zu belassen.

Religion und Lebenseinstellung sind Begleitung im Umgang mit dem eigenen Tod und in der Konfrontation mit sterbenden Herzensmenschen. Zuversicht und Optimismus können tragen. Das Licht der Auferstehung kann Hoffnung geben und Mut. Am Ende steht das Leben. Das Vertrauen in ein gutes Ende, bzw. in einen sinnhaften Übergang in eine andere Dimension, stärkt.

## Praktisch

Symbole der Auferstehung und der Verbindung zwischen den „Welten“ können Erwachsenen helfen, Trauer zu wandeln und die Verstorbene in neuer Art und Weise im Leben zu integrieren.
Einen *Lebensbaum für Verstorbene zu pflanzen* oder *Blumensamen zu säen,* kann den Blick in die Zuversicht richten, dass das Leben weiter geht und immer wieder blüht.
Eine *Kerze* im Gedanken an die Auferstehung in einer Laterne auf dem Fenstersims kann Trauernde miteinander und den Verstorbe-

nen verbinden. Auch wenn jetzt alles dunkel zu sein scheint, so zeigt das Licht der Kerze Hoffnung.
Ein *Friedenslicht* zu entzünden kann helfen, inneren Frieden herzustellen.
Unausgesprochenes kann in einem *Brief* mit in den Sarg oder die Urne gegeben werden.
Ein Ort der Ruhe schenkt Möglichkeit zur stillen Begegnung mit der Verstorbenen.
Unausgesprochenes kann an diesem Ort Worte finden, das seinen Weg in stillen Gedanken, Geschriebenem oder Ausgesprochenem findet. Dieser Ort, ist ein Ort, der der Trauernden gut tut, zum Beispiel eine bestimmte Bank an einem Waldweg oder See, eine Gartenlaube, eine Kirche oder der leergeräumte Schreibtisch mit einer Kerze.
Auch Musik kann Trost spenden und den Gedanken freien Lauf geben. Vielleicht ist es eine Instrumentalmusik oder eine Musik, die die Trauernde mit der Verstorbenen verbindet oder ein stets gemeinsam gesungenes Lied.

## *Lebensbaum*

Der Apfelbaum
nährt und verführt
verweist auf Leben in Vielfalt

Es geht weiter
im Baum und in der Welt

Wandelt Blüten in Früchte
Blätter fallen
neue Triebe sprießen

Kurz unterbrochen
gleichsam
immerwährender Kreislauf

Getragen vom Stamm der Unermüdlichkeit
schützend
manchmal wankend durch Stürme der Zeit

Wurzeln für Halt
und Äste sind die Startbahn für Freiheit
wenn Blätter leise fliegen

Lebensbaum
ein ganzes Leben
aufrecht und mit stolzer Krone

Stolz kannst Du sein
auf dein Lebenswerk schauen
und vor Ehrfurcht erbeben

In jedem Jahr
wenn der Baum Früchte trägt
bleibt ein Stück von Deinem Geschmack

## *Blumen für das Leben*

Aus einer Handvoll Samen kann viel wachsen
kann blühen
und entstehen

Blumen verwelken, verblühen
manche werden dem Leben entrissen
und jede hat Farben und Freude
auf die Wiese des Lebens gestreut

Aus Samen gewachsen
streut eine jede verstorbene Seele ihre Samen weiter
lebt und hinterlässt Blütenstaub des Lebens

Träume und Geschichten
von leisen Winden und verliebten Melodien
erzählt in den alles überdauernden Wäldern

Säe Blumen für das Leben
und leuchte Deinen Blütenzauber
bis in ungeahnte Verstecke
enlegenster Brombeersträucher

## *Friedenslicht*

Manchmal hast Du Funken
gesprüht
von Eifer
oder Wut

Von Freude
oder Lebensenergie

Immer wieder hast Du Feuer
entfacht
in Herzen von Menschen
und Lebensprojekten

Selten war Deine Flamme
so klein wie zuletzt

Nur manchmal
wenn es leise wurde
und Deine Gedanken
Sorgenfalten auf die Stirn riefen

Nur manchmal
wenn Ungerechtigkeit Dein Herz
bedrückte
und sich langsam neue Energie
sammeln musste

Immer hast Du Dein Feuer neu
entfacht

Wenn Barmherzigkeit ihre
Leuchtkraft suchte
und Hände versöhnend
ineinandergeschoben wurden

Wenn das Licht des Friedens
die Feuerstelle auf dem Berg
suchte

Manchmal hast Du Funken
gesprüht
von Neugier
oder Verzweiflung

Von Liebe
oder Magie

Immer wieder hast Du das Feuer
entfacht
mitten in der Welt und an Orten
ungeahnten Glücks

Heute für Dich
ein Friedenslicht

## *Der letzte Brief an Dich*

Ich möchte Dir so gerne sagen
viele Worte
und ich bin doch stumm

Kann mich nicht entscheiden

Versöhnliches oder ein Liebesbrief
unerfüllte Träume und ganz viele
gute Wünsche

In der Stille
öffnet sich der Himmel
fängt alle Worte und Gedanken
ein
trägt sie sanft auf Wolken an
Dein Ohr und in Dein Herz

Der letzte Brief an Dich

Abschlussbrief
oder Ende offen

Mit blauer Tinte
auf dem schönsten Papier
und ein Hauch von Blumen

Vielleicht gebe ich noch ein
Gänseblümchen mit ins Grab

Ich lieb Dich
keine Frage
beim Abzählen der Blüten-
blätter hätte ich in jedem Fall
geschummelt

Ich lieb Dich
Du liebst mich nicht
Du liebst mich
ich lieb Dich nicht
Ich liebe Dich und Du liebst mich

Bis zum Ende unserer Tage
das haben wir uns gewünscht

Beim Blick in den Himmel
leuchtet das Blau
und die Sonne küsst leicht mein
Gesicht

Ich denke an Dich

## *Wut*

Du lässt mich allein
mit meinen Gefühlen

Akten und Chaos
Zuhause das reinste Tohuwabohu

Du lässt mich allein
mit meinen eigenen Erklärungen vom Leben

Ich bin wütend auf Dich,
weil ich Dich so sehr vermisse

Weil Du Dich einfach aus dem Staub gemacht hast
in Staub verwandelt hast

Sei da
immer wieder in meinem Leben

Hilf mir
die Wut in Milde zu wandeln

Doch im Moment brauche ich
den Schrei der Verzweiflung

Denn Du fehlst
in meinem Leben

## *Hilf mir*

Hilf mir die Gedanken zu sortieren
wenn ich gedankenversunken
auf dem Sofa sitze
und an Dich denke

Trockne meine Tränen
sie sind nicht zu halten
wenn ich im Supermarkt
vor Deinem Lieblingspudding stehe

Richte mich auf
wenn mein Rücken einsackt
und Kraft verliert weil Du mir fehlst
ich möchte mich wieder bei Dir anlehnen

Nimm meine Hand
die Du so gerne gehalten hast
beim Essen am Tisch
oder beim Gang durch die Natur

Nur wir zwei

Hilf mir die Gedanken zu sortieren
wenn ich gedankenversunken
auf dem Sofa sitze
und an Dich denke

## *Nicht nur die Guten gehen*

Oftmals
haben wir gestritten
miteinander gerungen

Ich habe gelitten
wenn Du mir sagtest
dass der Kaffee-Filter noch immer nicht
im Mülleimer gelandet ist

Ich habe mich geärgert
wenn Du an meinen schmutzigen Fenstern
herumgemeckert hast

Du hast mir weh getan
wenn ich es Dir nie Recht machen konnte
und Du oftmals alles besser zu wissen meintest

Du hast mich verletzt
wenn Du mich vorgeführt hast
vor anderen Menschen und in der eigenen Familie

Nicht nur die Guten gehen
doch vielleicht kann es gut werden
irgendwann

Ich wünsche Dir viel Gutes
von ganzem Herzen

## *Verletzt und geliebt*

Es ist ungerecht
wenn nicht das letzte Wort
ein Gutes war

Es tut weh
wenn die letzte Begegnung
Ablehnung war

Versöhnung
ist nicht nachzuholen
wenn der Weg ungeplant endet

Und doch bleibt die Verbundenheit
um eine Gemeinsamkeit
im Stillen

Geschenkt ist die gemeinsame Zeit
auch wenn Grenzen überschritten wurden
und keine Zeit blieb
für ein Finden
von Formen der angemessenen Kommunikation
miteinander

Irgendwann werden wir uns wieder sehen
an einem Ort
den Du nun bereits kennst
und begegnen

Ohne Worte
ohne Schmerz
behutsam

Jetzt bleibt eine Träne
mit dem Bild von Dir

Jetzt bitte Frieden

## *Ausweglos*

Viele Wege
sind wir gemeinsam gegangen

Über Steine gehüpft
und durch Untiefen des Meeres geschwommen

Du hast mich an manchen Stellen getragen
und ich konnte Dir die Hand reichen
wenn es schwierig war

Viele unterschiedliche Wege gemeinsam
das war unser gemeinsamer Weg

Aus dem gemeinsamen Weg
bist Du losgezogen in eine neue Welt

Ausweglos
keine Hand konnte Dich mehr halten

Das Tragen wurde zu schwer
und die Mühe stand Dir im Gesicht und in den Knochen

Aus Leichtigkeit wurde Beschwerde
und Lebensfreude wandelte sich in Lebensmüdigkeit

Losgezogen
einen neuen Weg

Aus dem Schmerz
in ein neues Licht

Dein Weg geht weiter
und der meinige ebenso

Aus Weg
wird loslassen

Sei getragen
sei behütet auf Deinem Weg

## *Unfall*

Zu schnell ist es gegangen
kein Begreifen ist möglich

Der schnelle Fall
unmöglich ein Abwenden

Es ging zu schnell

In der Falle gesessen
als Du dem Leben von der Schippe
sprangst

Es gab kein Entrinnen
und mir fehlen die Worte

Das Gefühl vom freien Fall
bevor das Begreifen einsetzt
lähmt den Blick
auf die Realität meiner Tage

Zu schnell ist es gegangen
kein Begreifen ist möglich

Der schnelle Fall
unmöglich eine Hilfe

Es ging zu schnell

In der Falle gesessen
als Du dem Leben von der Schippe
sprangst

Es gab kein Entrinnen
und mir fehlen die Worte

## *Krankheit*

Am Anfang
war die Diagnose
die das gesamte Leben
umgekrempelt hat

Abgeklärt
hast Du geklärt
und organisiert

Kein Mensch sollte leiden
wenn Du stirbst

Musik und Trauerrede
Gästeliste und Blumenschmuck
selbst den Sarg hattest Du bereits
ausgesucht

Die Krankheit
gab Dir Vernunft
und klaren Verstand

Kein Mensch sollte leiden
wenn Du stirbst

Du wurdest immer weniger
Kraft und Haare
Stimme und Durchhaltevermögen

Stetig weniger
Stück für Stück
Abschied auf die langsame Art

Kein Mensch sollte leiden
wenn Du stirbst

Gelegenheit hast Du den
wichtigen Menschen gegeben
zum Abschied auf die letzte Reise
in diesem Weltenleben
und zur Ermunterung das Leben
zu genießen

Die Krankheit hat Dich gezeich-
net
und Du warst Du selbst
bis zum Ende
wenn Du den Menschen Mut auf
dem Weg des Lebens schenktest

Nun brauchst auch Du
nicht mehr leiden
Sei erlöst und befreit

## *Liebe*

Ich liebe Dich
auch wenn ich weiß
dass unsere Tage nicht immer gut
und schmerzfrei waren

Ich liebe Dich
weil unsere Tage immer ehrlich
und leidenschaftlich waren

Ich liebe Dich
weil Du mich so nehmen konntest
wie ich bin

Ich liebe Dich
und mein Herz ist schwer
denke ich an das dunkle Zimmer

Am Tisch fehlt Dein Teller
und das Glas
und Dein Blick

Auf dem Sofa
rieche ich noch den Rest Deines Duftes
und spüre

Ein bisschen bist Du noch da

Deine Liebe bleibt
bis wir uns wieder sehen
auch wenn ich nicht weiß
den Tag und die Stunde

Lass uns verbunden sein

## *Der geschiedene Ehepartner*

Nicht mit und nicht ohne Dich

Ein Stück
durfte ich Deine Wegbegleiterin sein
Hand in Hand
mit Dir gehen
und spüren was Dir wichtig ist

Es ging nicht mit Dir
und nun muss es ohne Dich gehen

Wir haben gekämpft und gerungen
Kräfte gelassen und Wege gesucht
Entscheidungen verworfen

Gemeinsame Träume sind geplatzt
um neuen Wegen Raum zu geben

Unser Kapitel war bereits geschrieben
das Du und Ich bekam andere Orte
weil Partnerschaft nicht bedingungslose
Selbstaufgabe ist

Dein Weg
und mein Weg

Miteinander nebeneinander
auseinander gelebt
es bleibt Dein Gesicht in meinen Gedanken

Lass uns voneinander scheiden
in Frieden

# *Vom Fahrrad gefallen*

Unangekündigt
hat dein Herz versagt

Vom Fahrrad gefallen

Auf Dein Grab lege ich die Pumpe vom Rad
und die Brille

Erinnerung an Deine Bewegung
Rastlosigkeit und Energie

Vom Fahrrad gefallen
mitten auf dem Feld

Das Feld geräumt

Auf dem Platz der Unerschütterlichkeit
hat es Dich aus den Socken gepustet

Ich dachte
Dich kann nichts erschüttern

Ich wünsche Dir allzeit gute Fahrt
auf dem letzten Weg

Halte die Nase in den Wind

Ich wünsche mir Deine Unbekümmertheit
lass ein Stück davon bei mir zurück

In die Pedale treten
das hast Du so geliebt

Ich werde Dich vermissen an meiner Seite
wenn ich beim nächsten Mal
den Esel aus Draht aus der Garage hole

Dann schenke mir eine sanfte Brise
so dass ich weiß: Ich bin begleitet durch Dich

## *Geschäftsfrau*

Bei Dir stimmte jede Zahl
unerreichbar schienst Du dem ein oder anderen
und perfekt wirkte alles
was Du in die Hand
genommen hast

Zart ist Deine Seele gewesen
die Du nur wenigen gezeigt hast

Unverletzlich wolltest Du sein
als Frau in der Geschäftswelt
hast Du bestanden
und gute Arbeit getan

Kein leichter Weg
doch Du hast ihn gemeistert

Stolz wolltest Du auf Dein Lebenswerk zurückblicken
hast Dir selten Freizeit gegönnt
und bist immer verlässlich an Ort und Stelle gewesen

Heute kannst Du Dich ausruhen
musst Dich nicht mehr durchkämpfen

Wir ziehen den Hut
verneigen uns
und wünschen Dir Segen

## *Alleinerziehende Mutter*

Den Hut zieh ich vor Deinem Leben
mit Kind und Mut durch die Zeiten zu gehen

Müde und glücklich
am Limit und gleichsam glückselig

Alles für Kind und gutes Zuhause
starke Frau und seidenweich

Wer könnte verstehen
dass Mutterliebe jede Kraft übersteigt

Oftmals allein mit Ängsten und Nöten
im Gepäck die Verantwortung für mehrere Leben allein

Optimismus lebend
anders wärst Du nicht Du gewesen

Mensch und menschlich
verletzlich und kraftvoll

Ich zieh den Hut vor Deinem Leben
und vor Deinem Sein

Lebendigkeit lebend
im Einsatz für Gerechtigkeit

Herzkämpferin und Mutter
Frau und Lebenskünstlerin

Ich zieh den Hut

## *Familienvater*

Plötzlich allein
mit Kindern und Hund
im großen Haus

Entscheidungen alleine entscheiden müssen
weil Du Dich aus der Affäre gezogen hast

Wir wollten gemeinsam Familie sein
unsere Kinder beim Wachsen mit schönsten Freuden begießen
gemeinsam alt werden und Händchenhaltend im Schaukelstuhl sitzen

Unser Traum vom Leben
vom Familienglück

In Farbe
und oftmals mit einem Hauch von Glitzer
wenn Du großer Mann den Kindern Geschichten
von der Welt erzähltest

Beim Flug durch die Luft
das Kinderlachen voll Vertrauen aufgefangen zu werden

Du warst Entdecker und Beschützer
Räuber und Gendarm
Geliebter und beliebter Familienmann

Hab Dank
und verzeih uns die Tränen

Du wolltest das Lachen spüren
und den Genuss der Meere schmecken
und Deine Familie immer in gutem Boot sehen

Wir reichen Dir die Hand
wenn wir hinter Schäfchenwolken in Sonnenstrahlen
Dein Lächeln erahnen

## *Beste Freundin*

Sandkasten
gemeinsame Schulzeit
erste große Liebe

Wir haben uns Geheimnisse
erzählt
miteinander auf der Wiese
gelegen und geträumt
zusammen Wetten abgeschlossen
und die schönsten Stars gekürt

Seit ich denken kann
bist Du da

Unerschütterlich
unsere Freundschaft

Musik
Reisen
Lieblingsbücher

Wir haben unsere Zeit geteilt
miteinander Abenteuer erlebt
zusammen eigene Geschichten
erfunden
und die Welt erkundet

Seit ich denken kann
bist Du da

Unerschütterlich
unsere Freundschaft

Zu Ende
Ende offen
unendlich

Wir sind am irdischen
Endpunkt angekommen

Gemeinsame Geschichten kann
uns niemand nehmen
wir werden uns wiedersehen an
einem anderen Ort
unsere Freundschaft bleibt
unbesiegbar

Solange ich denken kann
wirst Du da sein

Grenzenlos
unsere Freundschaft

## *Hauch vom Leben*

Manchmal fehlen die Worte
Lieder wollen nicht gesungen werden
jede Melodie erscheint zu laut

Da ist der Mensch
mit dem der längste Weg im Leben
gemeinsam gegangen wurde
Die Schwester wurde zur Lebensfreundin
Begleiterin durch alle Zeiten
leise Töne haben sich miteinander verbunden

Schweigend Trauer tragen
und erleben
da ist ein Hauch der bleibt

Ein Duft vom Leben
der weiter trägt
und spüren lässt

Du bist da

## *Weißt Du noch?*

Als alles begann
und unsere Freundschaft noch
keine Bezeichnung hatte
und wir einfach nur spürten
da ist eine gleiche Begeisterung
für die Dinge des Lebens

Immer wieder
kreuzten sich unsere Wege
und ein gemeinsamer
Trampelpfad
wurde zum vertrauten
Wanderweg
durch Wetter und Gezeiten

Manchmal tiefsinnig
in Gespräche vertieft
und miteinander ringend
um eine Wahrheit
die es herauszufinden galt

Vertraute Begegnung
verlässlich und ehrlich
miteinander Zeit verbringen
ohne Fragen nach Begründungen
oder Sinn

Du warst immer da
im Alltag an allen Tagen
einfache Normalität
die zum wichtigen Anker wurde
unkompliziert

Ich fühlte mich durch Dich
angenommen
keine Masken
und immer ehrliche Kritik
Diskussionen
zu Fragen der Nation
an der Theke oder am Gartenzaun

Keine großen Worte
schweigend in den Tag blicken
kommentarlos
Dinge geschehen lassen
gewusst wann es Worte braucht
und wann nicht

Selbstverständlich
warst Du immer da
wir zwei
Freundschaft durchs Leben
Lebensfreund

# Langes Leben

Wenn ein alter Mensch stirbt, dann schließt sich ein dickes Geschichtenbuch. Niemand kennt alle Geschichten, niemand weiß von allen Gefühlen, Hoffnungen und Träumen der Verstorbenen und gleichsam können nur die Gefühle der Hinterbliebenen formuliert werden, da anderes der Toten nicht gerecht würde.

Manche Menschen verbringen ihr gesamtes Leben miteinander. So hat die Tochter im Mehrgenerationenhaus vielleicht noch niemals ohne ihre Mutter gelebt, Haushalt geführt, Gedanken geteilt, Kinder groß werden sehen. Andere haben Zeiten erlebt, die für hinterbliebene Generationen unvorstellbar sind. Kriegserleben, Flucht oder Verletzungen und auch die erste Liebe und unerfüllte Sehnsüchte bleiben Familienangehörigen oftmals verborgen, weil sie sinnhaft und zum Selbstschutz verdrängt wurden.

Alte Menschen schreiben Geschichte. Es bleiben unendlich viele Beziehungs-Konstrukte zurück, beispielsweise zwischen Müttern und Töchtern, Vätern und Söhnen, Freundschaften, Großvätern und Enkeltöchtern ... Unausgesprochene Gefühle und Gedanken bleiben stehen und wollen ausgesprochen werden, um Frieden mit der Verstorbenen zu finden.

Alte Menschen sind in anderen Traditionen aufgewachsen als heutige Kinder. Musik, Rituale und das Erzählen von Geschichten können der Verstorbenen einen neuen Sitz im Leben der Familie und der Freunde auf dem Sofa, am Kamin oder in der Gartenlaube geben. Fragen, wie: *Welche Werte waren der Oma wichtig? Welches Essen hat Opa geliebt? Worüber hat sich Mutter besonders aufgeregt?* lassen den gestorbenen Menschen in die Lebensrealität zurückkommen und weiterleben.

Verletzungen können benannt werden, sie gehören in ein jedes Leben, weil sie menschlich passieren. Im Tod kann es gelingen, Frieden zu finden, der zu Lebzeiten nicht gelang.

Lange Liebe findet im Tod ein irdisches Ende. Sie wird sich neu sortieren, formulieren und zelebrieren, so dass sie vielleicht über den Tod hinaus weiterhin bestehen kann. Das Herz eines liebenden Menschen wird im Alter unendlich schwer. Der größte Teil eines Lebens wurde miteinander geteilt, ein Überleben scheint im ersten Moment unmöglich für den über-lebenden Menschen der Liebesbeziehung. Oftmals gelingt das Überleben nicht, da es schwer fällt die Einsamkeit zu überwinden. So ist auf Grabsteinen, die ein hohes Lebensalter des Menschen aufweisen immer wieder kurz nach dem Sterbetag des einen ebenfalls der Sterbetag des anderen zu lesen. Das Leben konnte ohne den geliebten Menschen nicht mehr weiter gehen, weil die Zuversicht im Gesicht der Partnerin oder des Partners genommen wurden.

Enkel- und Urenkelkinder vermissen die Geschichten der Groß- und Urgroßeltern. Sie beginnen gerne, diese Geschichten weiter zu erzählen. So bleibt das dicke Geschichtenbuch eines alten Menschen lebendig.

## Praktisch

Religiöse oder alltägliche Rituale der Verstorbenen aufnehmen und weiterleben. Hierzu kann beispielsweise das *Segnen von Brot* oder ein gemeinsam gebetetes *Tischgebet, das Singen eines Liedes aus der gemeinsamen Zeit* oder das *Backen eines Kuchens nach Tradition der Verstorbenen* eine Brücke sein.

Es kann das *Freihalten des Stuhles am Esstisch* für den Menschen sein. So ist sie weiterhin gedanklich am Tisch zugegen.

Gestalten Sie ein *Geschichtenbuch.* Zur Beerdigung sind alle Trauernden eingeladen, ihre Lieblingsgeschichte mit der Verstorbenen aufzuschreiben. In diesem Geschichtenbuch kann zu besonderen Anlässen gemeinsam gelesen werden.

Pflanzen Sie Blumenzwiebeln für ein immer wieder neues Erwachen. In Tulpen und Narzissen steckt bildhaft das Leben immer wieder die Nase durch die Erddecke, wenn die ersten Sonnenstrahlen ihre Wärme schicken. Es kann ein Zeichen der Hoffnung sein, dass

es gut wird nach dem Sterben. Es kann eine Erinnerung sein an blühende Zeiten, die immer wieder neu und bunt leuchten dürfen.
Symbole, wie *die Blumenzwiebeln* oder *das Freihalten des Stuhles* sind eine sinnvolle Brücke in der Trauer. Sie helfen in der akuten Trauer dabei, den Kontakt zur Verstorbenen zu erhalten und gleichsam sind sie Übergangsrituale, die eine *Rückkehr in den Alltag* ermöglichen. Sie dürfen im Laufe der Zeit verblassen. Das bedeutet nicht, dass die Verstorbene an Wichtigkeit verliert, sondern, dass die Verstorbene im Alltag – über die Symbolhandlung – zu einer neuen Verortung findet, die ein anfängliches Symbol ersetzt. Werden Symbole überhöht, dann besteht die Gefahr, dass die Trauernde sich aus dem tatsächlichen Alltags- und Welt- und Sozialgeschehen zurückzieht. Symbole sollten deswegen immer lebenstauglich bzw. -fördernd sein.

## *Frieden finden mit der Mutter*

Ich konnte es Dir nicht recht
machen

Zu Deinen Lebzeiten

Die Fenster waren stets zu
schmutzig
meine Kinder waren Dir zu
schlecht erzogen

Zu Deinen Lebzeiten

Stand ich immer im Vergleich
meine Brüder machten es besser

Perfekte Schwiegertöchter
gut gepflegte Häuser und
ästhetischer Garten

Zu Deinen Lebzeiten
fiel uns Frieden schwer
lange war Gemeinschaft
nicht möglich

Immer wieder fandest Du an mir
das Haar in der Suppe
und den unzureichenden Zustand
meines geführten Lebens

Warum konnte uns
bedingungslose Liebe
nicht gelingen

Ich wollte so gerne
einfach nur geliebt sein von Dir

So wie ich bin
sehnte ich mich
nach Deiner Zuneigung

Ich wünsche Dir alles Liebe

Liebe
die uns zu Lebzeiten nicht gelang

Liebe
die Dir vielleicht auch zu
Lebzeiten von Deinen Eltern zu
wenig offenbart wurde

Ich wünsche uns Frieden
der zu Lebzeiten nicht gelang

Sei bedingungslos angenommen
auf dem Weg
den Du nun gehst

## *Großvater, unendliche Geduld und Rückzugsort*

Dein Garten
der alte Obstbaum
die Bank auf der Wiese

Rückzugsort und gemeinsame Insel
für immer neue Abenteuer
und erfundene Geschichten

Unendliche Geduld
und Weisheit in Deinen Augen
machten mir Mut in allen Zeiten

Bei Dir durfte ich spielen
und toben
und wild sein

Bei Dir konnte ich weinen
wenn Deine große Hand
sanft auf meinem Kopf lag

Deine Stimme
gezeichnet von Lebenserfahrung
und Wärme

Trost und „Es-geht-weiter"-Worte
wenn mein Herz schwer war
und die Welt sich gegen mich verschworen hatte

Du warst mein Brandungsfels
und wirst es bleiben
im Leben und im Sterben

Hab Dank für Deine Güte

## *Großmutter, Dein Duft vom Leben*

Wenn duftend
süße und herzhafte Düfte
den Weg durch die
Küchentürritze schlichen

Dann ist das mein Geruch von
Oma

Wenn der Tisch besonders
gedeckt
auf Deine Art und Weise
die es nur
an einem Ort für mich gab

Dann weiß ich
hier ist Oma-Heimat

Wenn leise
Stricknadeln klickern
aus der Ecke im Wohnzimmer
wo Dein Sessel steht

Dann wird mir warm ums Herz

Oma für Leib und Leben
Du fehlst und wirst bleiben

Wenn ich die Küche betrete
halte ich kurz inne
und sehe Dich vor meinem
geistigen Auge
an Töpfen und Schnibbel-Brettern
stehen

Auf den Tisch
stelle ich die besondere Kerze
und ein Gedeck für Dich
mit Deinem geliebten Porzellan
und eine Blume aus dem Garten

Leise
ganz leise
bist Du mir nah
in Momenten
die ich mein Glück nennen darf

Liebe Oma
danke für Deinen Duft vom Leben
Dein Gefühl für Heimat
und Deine Herzensliebe

Auch wenn ich spüre
Du bist da

möchte ich rufen
Du fehlst

Dein Sessel ist leer

## *Lang erwartet und nun blühe*

Seit wir denken können
hast Du gelegen
Schmerzen gelitten
mit dem Leben gekämpft

Langes Leben
langes Leiden
langes Sterben

Weiß
sind Deine Haare
müder Blick
und schwache Glieder

So wolltest Du nicht leben
und konntest doch nicht gehen
Fassungslosigkeit zu vielen Zeiten

Du hast
einen schweren Weg gewählt
den Abschied
hast Du Dir nicht leicht gemacht
langes Warten

Niemand
konnte Dir im Letzten helfen
und nun
der Tag der Erlösung

Auch wenn Dein Sterben
Deinen Tod
lange angekündigt hat
so ist es nicht zu begreifen
dass Du nun den letzten Schritt in
die Ewigkeit gegangen bist

Endlich kannst Du blühen
wie in jungen Jahren
tanzen und singen

Du kannst die Befreiung feiern
aus der Gefangenschaft
der Krankheit
und zum Fest sind geladen
alle die Dich lieben

Streut Blumen auf das Grab
in Farben des Lebens
und der Freude

Lasst Erlösung feiern
und Blumenzwiebeln pflanzen
für das kommende Frühjahr
wenn die Erde
zu neuem Leben erwacht

Dann wächst und bleibt
die Erinnerung
an gute Zeiten

## *Familienmittelpunkt*

Familie war Dein Leben

In der Mitte
warst Du Brücke und Vermittlungszentrale
hast Themen auf den Punkt gebracht und geerdet

Alle Fragen konnten auf Dich geworfen werden
Du warst begeisterte Lösungsfinderin
unkonventionell und pragmatisch

Du liebtest das Chaos in der Küche
und die lachenden Kinderstimmen
Krümel unter dem Esstisch und laute Lieder

Für Quatsch und Streiche warst Du zu haben
Kindergeheimnisse fanden bei Dir einen sicheren Ort
das Leben zu begreifen war Dein Motto

Lebensmittelpunkt mit guter Küche
immer lecker und satt
wenn auch nicht immer gesund

Das Leben sollte gelebt und genossen werden
tanzen und singen
Zeit miteinander und nicht mit unnötiger Pflicht verbringen

Familie
Dein Schutzort
und Deine Insel der Glückseligkeit

## *Lebensmelodie*

Viele Jahre und Jahrzehnte
das Lied gemeinsam gesungen

In Dur und in Moll
im Kanon und in Einstimmigkeit

Es ist zum Oratorium geworden
glanzvoll und vielstimmig

Gedanken und Sorgen
Hoffnungen und Freuden

Die Partitur des Lebens
summte manchmal leise und immer wieder in kraftvoller Brunst

Lange Töne gemeinsam zu halten
und die Sechzehntel gut geführt miteinander bestehen

Nach langer Zeit wirkte das Decrescendo beständig in die Notenbahn
Piano wurde es ganz sachte

Die Worte wurden weniger
Sturm und Drang war längst vorbei

Herbstzeittöne schlängelten sich
verbinden nun Tod und Leben

## *Lachen und Weinen*

Mir ist zum Lachen und zum Weinen
wenn ich an Dich denke

Freudentränen
über unendlich viele geschenkte Momente
schöne Zeit

Im Herzen Glück

Lachend den Weg gehen
mit Deiner Lebensphilosophie
die mich weiter trägt

Lang bewährte Ideologie vom Leben

Begeisterung
über der Wirklichkeit ausschütten
mit Deinem unerschütterlichen Optimismus

Weltanschauung vom guten Dasein

Auch weine ich eine Träne der Trauer
mit dem Wissen
dass Du Dein Leben vollkommen gelebt hast

Nichts fehlte im Setzkasten Deiner Tage

Wehmut packt mein Herz
das darf auch so sein
am Ende steht Glückseligkeit über der gemeinsamen Zeit

Eine neue Sonne geht für Dich auf

Auch wenn Du an meiner Seite fehlst
so bleiben Deine Freudentränen
über das Glück des Lebens

Glitzernd bleibt Dein Schein in meinem Sein

## *Sterben in hohem Alter*

Unendlich viele Sekunden und
Stunden
Tage
Wochen
Monate
Jahre
sind vergangen seit dem Tag
Deiner Geburt

Dein Geburtstag
in jedem Jahr unfassbarer
der Kuchen des Lebens konnte die
Kerzen des Lebens
kaum noch tragen

Dein ehrwürdiges Alter
lässt mich den Hut ziehen
und mit Demut auf gemeinsame
Wege schauen

Jede Falte in Deinem Gesicht
erzählt Geschichten
von Sorgen und Freuden
von Sehnsucht und Wirklichkeit

Menschen hast Du sterben sehen
Kriege hast Du erlebt
die Welt kann Dich keine
Weisheiten mehr lehren

Geburten und Neubeginn
immer wieder auf den Pfaden
der aufgehenden Sonne
als Hoffnungstragende
mitten im Leben
und am Rande mancher Illusion

Das Hoffen
hast Du gelernt
in ewigen Zeiten der Wiederkehr

Im Kreislauf der Zeiten
ist Deine Zeit nun gekommen:
Abschied für alle Zeit

Es bleibt ein Funke Deiner Gestalt
der sich immer wieder entzündet
in Geschichten Deines Lebens

Eine Ära geht zu Ende
hab Dank und sei behütet
in Zeit und Ewigkeit

## *Den Tod ersehnt*

Lange hast Du gelebt
gelacht und geweint
getanzt und besonnen im Sessel gesessen

Viele Menschen hast Du überlebt
Wegkreuzungen und Begegnungen
ließen Dich wachsen und wachsam sein

Dein Körper wurde langsamer
nichts wollte mehr wie Du es wolltest
Augen und Ohren
Beine und Geschick ließen Dich im Stich

Da wuchs ein Sehnen in Dir
nach einer Welt außerhalb dieser Wirklichkeit auf der Erde
nach Sterben
um Ruhe zu finden

Alles erlebt was zu erleben war
Du fühltest
die Zeit ist gekommen

Eine Zeit zum Abschied nehmen
Frieden finden in der Wahrheit
dass das irdische Leben endlich ist

Es bleibt die Hoffnung

## *Kriege erlebt*

Kriege hast Du erlebt
und wünschtest Dir Frieden

Warum Menschen streiten
war Dir zu keiner Zeit verständlich
Frieden sollte sein

Kriege hast Du erlebt
über Landesgrenzen hinweg und in der Familie
wenn die Meinung des einen nur zählen sollte
und der dickere Kopf gewinnen wollte

Du
mittendrin
Opfer der Sturheit der anderen

Das hat Dich geprägt durch die Zeit
starker Wille und Gutmütigkeit
jedweden Krieg zu beenden

Kriege hast Du erlebt
und gelernt
wie kostbar Frieden ist

Wir wünschen Dir Frieden

# *Jahreszeiten*

Wie das Leben spielt
die Zeiten des Lebens

Jung erwachen
Geboren werden
und Kind sein dürfen
oder nicht

Krieg und Pflichten
schwere Zeit

Jugendlich die Welt erkunden
Beruf und Reise
Ingenieurgeist und
Selbstbestimmung
der Welten Meere aufspüren

Die Leidenschaft der
Wissenschaft
nie endende Fragen an das Leben

Ehefrau
Familie und Freunde
Höhen und Tiefen
Beziehungsarbeit und
Herausforderung
Viele Jahre Ehe

Herzensmensch
Frau fürs Leben

Langes Leben
das Glück schätzen lernen
Bücher und Bildung
Forschergeist und Wissensdurst

Interesse an der Welt
und der Welten Themen

Gezeiten des Lebens
das Leben ist kein Kinderspiel

# Suizid

Wenn sich ein Mensch das Leben nimmt, dann trifft er oder sie die letzte Entscheidung im Leben.

Manchmal stellen sich Schuldfragen in der Familie, bei Freunden, im sozialen Umfeld: *Habe ich nicht gut hingehört? Was hätte ich tun können? Warum habe ich nicht gemerkt, dass das Leben derart in Frage stand?*

Menschen suchen in Alternativen nach Verstehens-Ansätzen: *Was wäre gewesen, wenn ich zurückgerufen hätte? Wie wäre der Tag verlaufen, wenn ich mir Zeit genommen hätte für ihn oder sie? Was wäre, wenn ...*

Der Suizid eines Menschen be-trifft Menschen im Umfeld der Gestorbenen in hohem Maße. Da ist ein Mensch, der eine Entscheidung getroffen hat, die zum einen nicht zu verändern ist und zum anderen das Leben der Überlebenden torpediert. Die Verstorbene lässt Fragen offen, die niemals mehr geklärt oder beantwortet werden können.

Wenn ein Mensch das eigene Leben beendet, dann hinterlässt er Hilflosigkeit bei Angehörigen, Freunden und Wegbegleitenden. Eine Lösung schien im Leben nicht mehr möglich zu sein. Hinterbliebene haben keine Möglichkeit mehr, das Leben der Wegbegleiterin zu wandeln. Jede Hilfe scheint zu spät.

Ein erwachsener Mensch, der sich umbringen möchte ist nicht aufzuhalten. Erwachsene mit Suizidgedanken werden diese nicht kommunizieren, wenn sie den Selbstmord wirklich umsetzen wollen. Sie möchten nicht an ihrem Vorhaben gehindert werden. Das Umfeld ist macht- und einflusslos, unter Umständen sogar ahnungslos. Der suizidale Mensch ist gefangen in der eigenen Sinn- und Lebensmüdigkeit. Die Schuldgefühle von Angehörigen sollten nicht bestätigt werden. Selbst, wenn man jedes Anzeichen eines kommenden Suizids ernst nimmt und versucht, konkrete Hilfe zu geben, steht man am Ende des Tages ohnmächtig der Endgültigkeit einer suizidalen Entscheidung gegenüber.

Der Suizid eines Erwachsenen trifft das soziale Umfeld hart, weil keine Diskussions- und Wendemöglichkeit der Situation bleibt. So kann ein Suizid unerwartet für Menschen im Umfeld sein, auch wenn bereits Ahnungen von Lebensmüdigkeit bekannt waren.

Ein junger Mensch hätte mit Hilfe Alternativen zum Selbstmord erarbeiten können. Hätte vielleicht Annahme und Stärkung in der Familie und im Freundeskreis, in der Schule oder im Sportverein erfahren können, wenn Andeutungen gehört und verstanden worden wären, wenn Hilferufe wahrgenommen worden wären. Und doch bleibt manchmal die Not der Erkenntnis des suizidalen Menschen, dass es ihm nie so gut gehen werde, dass er von sich behaupten könne: *Ich bin glücklich.* Depressionen und seelische Erkrankungen können Gründe dieser Einbahnstraße des Empfindens sein.

Ein junger Mensch sortiert das eigene Leben zwischen Wachstum und Hormonen, zwischen gesellschaftlichen Normen und eigenen Vorstellungen. In der Pubertät ist für Begleitende schwer festzustellen, wie ernst der Gedanke um ein Problem ist, weil Emotionen natürlicherweise im Rahmen des Umbauplanes des Körpers – genannt Pubertät - Karussell fahren.

Die Selbsttötung eines Menschen, unabhängig in welcher Form, hinterlässt Fragen bei Hinterbleibenden. Die Selbsttötung verursacht einen unausgesprochenen Auftrag zur Selbstreflektion von Über-Lebenden: *Was hätte anders laufen können, damit Du, Mensch, jetzt noch gut leben könntest.*

Wenn der Entschluss zum Suizid getroffen ist, dann hilft keine Prävention mehr. Es gibt Menschen, denen *nicht mehr zu helfen ist.* Das ist schwer auszuhalten und gleichsam Realität. Das darf nicht in eine Leichtfertigkeit im Umgang mit suizidalen Gedanken führen und gleichsam ist dieses Wissen wichtig, um Hinterbliebene nicht in einer *Schuld* zu belassen. Es wäre übergriffig, wenn ein jeder Mensch vom Suizid abgehalten werden könnte, das würde in einigen Fällen die Selbstbestimmung infrage stellen.

Hier ist die positive Bestärkung von Hinterbliebenen wichtig: *Es hat keine Möglichkeit mehr gegeben.*

## Praktisch

Unausgesprochene Gedanken können als Wunschsteine mit an das Grab gelegt werden.
Ein Gedenkort an der Stelle des Suizides kann Nähe und ein Abschiednehmen begreifbar machen. Ein Bild, Blumen oder Kerzen und Steine geben Möglichkeit Unausgesprochenes sichtbar zu machen ohne Worte finden zu müssen.
Das Formulieren eines lyrischen Textes kann Gedanken sortieren helfen und Gefühlen Ausdruck verleihen.
Unausgesprochenes und Fragen an die Tote können in Briefform Ausdruck finden und mit ins Grab oder in den Sarg gelegt werden.
Eine Kerze und ein Bild der Verstorbenen an einem zentralen Ort - beispielsweise in der Schule, am Arbeitsplatz, in der Wohnung der Familie, im Wohnbereich der Wohneinrichtung - kann der Sprach- und Fassungslosigkeit Ausdruck verleihen und Möglichkeit für ein kurzes Innehalten im Alltag geben. Kerze und Bild können zum positiven Stolperstein der Achtsamkeit im „Weiter-Tun" werden.

## *Das Leben nicht annehmen können*

Kein Ausweg
kein Weg
kein Ziel
keine Perspektive

Dein Leben war zu kurz
als dass Du begreifen solltest
dass es einen Sinn macht
dieses Leben

Zu schwer schien Deine Last
und ich ahnte es nicht
ausweglos war Dein Weg
und ich nahm es nicht ernst genug

Konnte nicht da sein
obwohl Du mich brauchtest
war nicht an Ort und Stelle
in Deiner Not

Niemand hätte Dich aufhalten können
und doch bleibt der Rest
vom Gefühl
was hätte ich für Dich tun können

Du konntest das Leben nicht annehmen
hattest keine Geduld
und Kraft
mit Dir und der Welt

Ich wünsche Dir einen Ort
an dem es Dir gut geht
wo Du Ruhe findest
und Frieden

## *Wenn sich das eigene Kind das Leben nimmt – erhängt*

Wenn das eigene Kind
alle Träume
in den Baum hängt

Bricht Verzweiflung
aus jeder Pore des Körpers

Ich wollte für Dich da sein
Stütze und Halt
Mutter und Vater

Deine Gedanken
konnte ich nicht fassen

Zu spät
den Ernst der Lage begriffen
als sich Deine Traurigkeit
in Angst verwandelte

Todesangst vor dem Leben
ließ Dich am Leben verzweifeln

Ich habe Dich nicht retten können
war nicht an Ort und Stelle
als Du mich am dringendsten gebraucht hättest

Ich habe Dich allein gelassen
und wollte Dich beschützen

Mein Kind
mir brennt das Herz
unerträglich

Du hast Deine und meine Träume
in den Baum gehängt

## *Grenzspiele*

Das Leben immer wieder
auf die Probe stellen

Du hast die Grenze
immer wieder neu verschoben

Da geht noch mehr

Auf der Suche nach dem Kick
hat Dich der Tod aus dem Leben geworfen

Der letzte Adrenalinschub
war zu hoch

Immer weiter
Du wolltest es nicht lassen

Wolltest das Leben auf der Grenze spüren
und hast es nicht überlebt

## *Wenn der Wahnsinn nicht Halt macht*

Das Leben ist
in Hochgeschwindigkeit
in den Tod gerast

Wenn Stimmen
immer lauter werden
und der Kopf keine Hilfe mehr weiß

Wenn der Fuß
wie Blei auf dem Gaspedal steht
und es nur noch ein schnelles Ende gibt

Wenn der Wahnsinn
nicht Halt macht
und das Leben nicht mehr zu bremsen ist

Dann steht für einen Moment
die Welt still

Das ist der Knall

Niemand hat das Unheil kommen sehen
oder wahrhaben wollen
oder als derartige Bedrohung empfunden

Niemand hat gemerkt
dass Du
so unendlich allein warst

Der Wahnsinn
lässt heute
die Erdumdrehung stillstehen

Totenstille

## *Erhängt*

Du hast dem Leben
den Boden
unter den Füßen weggezogen

Klar kalkuliert
gut berechnet
das Leben beendet

Verzweiflungstat

In der Höhe
den Tod über das Leben erheben
war Dein letzter Gedanke

Als die Schlinge
Dir die letzte Luft
zum Atmen nahm

Als die Luft
nicht mehr in Deinen Körper
gelang
weil Dein Leben am letzten
Faden hing

Du hast Deinen Tod geplant
weil Dir klar wurde
dass das Leben für Dich nicht
mehr trägt

Weil Dir klar wurde
dass die verzweifelten Gedanken
im Leben
nicht enden würden

Nun öffnet sich der Himmel
über Dir

Sei aufgenommen
und lass alle Angst und Sorgen
fallen

Lass sie zurück
finde Freiheit
sei getragen

## *Tablettentod*

Du wolltest
nur noch schlafen

Mit geschlossenen Augen
der Welt den Rücken zudrehen

Im lauten Schrei nach Liebe
hast du den stillen Abschied im Schlaf gewählt

Du hast Dir bunte Träume gewünscht
vermutlich
und das Leben ohne Sorge

Die Medizin
hat Deine Blicke vernebelt

Du wünschtest Dir Schmerzfreiheit im Sterben
einen leisen Tod
in dieser lauten Welt

Träume süß
und begleite uns durchs Leben

## *In den Tod gestürzt*

Die Höhe ist Dir zu Kopfe gestiegen
als Du glaubtest
dass niemand mehr an Dich glaubt

Ein letztes Fliegen
Sturz in die Tiefe
dass Flügel wachsen

Ein letztes Mal
und vielleicht zum ersten Mal
den Flug in die selbst definierte Freiheit wagen

Hinab in die Tiefe
um Hinaufzusteigen
in den himmlischen Frieden

Einen Frieden zu finden
den Du auf Erden
nicht finden konntest

Gott schenke Dir Flügel
für einen leichten Geist
auf dem Flug in die Unendlichkeit

In den Tod gestürzt
und gleichsam auferstehen
das Leben geht weiter

An einem anderen Ort

## *Die letzte Kugel gegeben*

Gewalt ist keine Lösung
und doch ein klarer Standpunkt

Wenn die Kugel
als Sinnbild
für Deinen Endpunkt
im irdischen Leben
zu erkennen ist

Die letzte Kugel
ein Aufschrei am Ende Deines Lebens

Mit Gewalt
das Leben beendet
und gleichsam
den Frieden der Ewigkeit
erzwungen

Doch sei gewiss
am Ende wird es rund

Wenn der Knall
unsere Herzen erbeben lässt
und gleichsam warm
die Liebe
jedes Unrecht überdeckt

Am Ende werden wir uns sehen
an dem Ort der Ewigkeit

## *Hungerstreik*

Der Geschmack vom Leben
wollte nicht mehr schmecken

Das Salz der Suppe
hat seine Kraft verloren

Der Streik
geht Hand in Hand mit dem Tod

Der Tod wird zum Freund
in langsamen Schritten

Selbst gewählt
der Weg des Abschiedes

Weil das Leben nicht mehr schmeckt
und die Suppe nicht mehr stärkt

Was braucht es zum Leben
wenn das Leben nichts mehr braucht

## *Wenn das Wasser des Lebens bedrohlich wird*

Immer wieder
lockte dich die Versuchung

Das Wasser
Freundin und Feind
Bedrohung und Lebenselixier

Einmal
so sagtest Du
einmal werde ich schwimmen
soweit mein Lebensatem reicht

Einmal
so sagtest Du
einmal werde ich schwimmen
bis mein Lebensatem versagt

Es war der Reiz der Versuchung
und der ewig misslingende Versuch an Land
Leben gelingen zu lassen

Das Wasser hat dich wieder
und umgibt dich in ewigem Sein

# Einfache Sprache

Das Wort „Einfache Sprache“ darf jeder Mensch benutzen.
Es ist kein geschützter Begriff.

„Geschützter Begriff“ bedeutet:
Du brauchst keine Erlaubnis, um den Begriff zu benutzen.
Ein Begriff ist ein Wort.

Einfache Sprache spricht und schreibt in einfachen Worten.
Und Sätzen.

Sie hilft vielen Menschen.

Zum Beispiel:

Menschen aus anderen Ländern.

Menschen mit geistigen Behinderungen.

Alten und kranken Menschen.

Menschen, die nicht so gut lesen können.

Wenn Menschen sterben sind Worte schwierig.
Menschen verstehen viele Sätze nicht.
Auch Leichte Sprache kann von Trauer sprechen.

Trauer ist ein schwieriges Wort.
Das bedeutet:
Ein Mensch ist gestorben.
Ich bin traurig.
Ich weine.
Ich fühle mich schlecht.
Trauer ist ein Gefühl.

## Praktisch

Ich zeige meine Gefühle.
Zum Beispiel:

Eine Kerze gestalten.
Die Kerze zeigt mir:
Oma ist gestorben.
Und Oma ist da.
Und Oma macht mich froh.

Gemeinsam das Lieblingslied von Tante Irene singen.

Eine Flaschenpost bauen.
Du brauchst eine leere Flasche.
Gute Wünsche aufschreiben.
Gute Wünsche-Zettel in die Flaschenpost legen.
Die Flaschenpost in einen Fluss werfen.

Ein Papierboot falten.
Eine Botschaft auf das Boot schreiben.
Oder malen.
Den Namen auf das Boot schreiben.
Das Boot schwimmen lassen.
Auf einem Fluss.
Oder See.

Eine Gedanken-Kette bauen.
Wir denken zusammen an Opa Heinz.
Jeder Gedanke bekommt eine Perle.
Jede Perle wird auf ein Band gezogen.

Musik macht glücklich.
Musik macht traurig.
Musik verbindet uns.
Mit Musik denken wir an Renate.

Tränen-Steine zeigen traurige Momente.
Wir denken an gemeinsame Erlebnisse.
Wir denken an Onkel Stefan.
Ein Mensch macht Dinge gerne.
Solche Dinge gemeinsam tun.
Zum Beispiel:

Papierflieger bauen.

Mensch-ärger-dich-nicht spielen.

Schreiner können das Grab-Kreuz bauen.
Die Arbeitsgruppe aus der Werkstatt kann noch etwas tun.
Für den Kollegen.

Fotos erinnern an wichtige Menschen.
Und Momente.
Fotos zeigen den Toten.
Auf einem Foto ist die Tote weiter sichtbar.

## *Wütend*

Du bist wütend.

Ihr wolltet gemeinsam laufen.
Und singen.

Du bist wütend.

Ihr wolltet gemeinsam tanzen.
Und Kuchen essen.

Du bist wütend.

Ihr wolltet gemeinsam alt werden.
Und viel erleben.

Du bist wütend.

Du möchtest **nicht** allein sein.
Und weinen.

## *Erinnerungen*

Ich habe gerne mit Dir getanzt.
Du hast gerne mit uns gefeiert.

Wir wünschen Dir im Himmel gute Freunde.
Zum Tanzen.
Und Feiern.

Du hast gerne Musik gehört.
Deine Kassetten waren Dir wichtig.

Wir wünschen Dir im Himmel gute Musik.
Schöne Lieder.

Du hast Tiere geliebt.
Stofftiere saßen in Deinem Zimmer.

Wir wünschen Dir im Himmel viele Tiere.
Eulen.
Und Hunde.

Du bist mit dem Bus zur Arbeit gefahren.
Du hast gerne gearbeitet.

Wir wünschen dir im Himmel viel Urlaub.
Und schöne Erinnerungen.

Du hast gerne Zeitungen gelesen.
Und Fotos angesehen.

Wir wünschen Dir im Himmel eine gute Aussicht.

Du bist gerne spazieren gegangen.
Und in den Urlaub gefahren.

Wir wünschen Dir in den Himmel eine gute Reise.

## *Traurig*

Ich bin traurig.

Das heißt:

Ich weine.
Und vermisse Dich.

Ich war gerne mit Dir zusammen.
Und ich vermisse Dich.

Mein Herz fühlt sich schwer an.
Und ich vermisse Dich.

Ich fühle mich schlapp.
Und ich vermisse Dich.

Du fehlst mir.

## Angst

Ich weiß nicht, was kommt.
Das macht mir Angst.

Angst fühlt sich an wie Nebel.
Und tut weh.

Angst ist ein Gefühl.
Angst hat die Farbe grau.

Die Hände zittern.
Mein Herz schlägt schnell.

Ich weiß nicht mehr weiter.
Ich fühle mich allein.

Das ist das Gefühl von Angst.

Ich weiß den Weg nicht.
Und weiß nicht, wo ich bin.

Im Dunkeln ist mir komisch.
Und schwindelig.

Im Hellen sieht alles komisch aus.
Und ich bin verwirrt.

Ich weiß keine Lösung.
Du bist tot.

Wo bist du?
Das macht mir Angst.

## *Allein*

Wir können **nicht** mehr zusammen kochen.
Und essen.

Ich bin allein.

Wir können **nicht** mehr zusammen spielen.
Und Karten legen.

Ich bin allein.

Wir können **nicht** mehr tanzen.
Und Musik hören.

Ich bin allein.

Wir können **nicht** mehr malen.
Und Farben suchen.

Ich bin allein.

Wir können **nicht** mehr Geschichten erzählen.
Und Geschichten hören.

Ich bin allein.

Wir können **nicht** mehr ins Kino gehen.
Und in ein Café.

Ich bin allein.
Und wo bist Du?

## *Tröste mich*

Ich weine.
Du bist weg.

Ich weine.
Ich bin allein.

Ich weine.
Ich denke an Dich.

Tröste mich.
Vom Himmel.

Tröste mich.
Mit schöner Musik.

Tröste mich.
Mit Fotos von Dir.

Ich bin traurig.
Ich vermisse Dich.

## *Du bist weg*

Sie sagen:
Du bist tot.

Was bedeutet tot?

Tot könnte bedeuten:
Dein Körper bewegt sich **nie** mehr.
Dein Körper ist kalt.
Dein Herz steht still.

Wie ist tot?

Du bist ganz leise:
Wie ein Stein.
Wie eine Blume.
Wie die Nacht.

Wo bist Du?

Du bist weg:
Vielleicht im Himmel.
Vielleicht in der Erde.
Vielleicht irgendwo.

Wo bist Du?
In meinem Herzen.

## *Verlassen*

Ich bin ohne Dich.
Ich bin allein.
Ich bin anders.

Du gehst weg.
Du wirst begraben.
Du bist tot.

Wir singen ein Lied.
Für Dich.
Dein Lieblingslied.

Wir malen ein Bild.
Für Dich.
In bunten Farben.

Ich winke zu Deinem Grab.
Ich sage:
Mach es gut.

## *Verzweifelt*

Verzweiflung bedeutet:
Ich möchte schreien.
Ich möchte weinen.
Mir tut der Körper weh.

Du bist tot.
Ich kann das **nicht** ändern.
Niemand kann das ändern.

Tot ist tot.
Nichts kann helfen.
Niemand kann helfen.

## *Ich vermisse dich*

Ich stehe am Morgen auf.
Und Du bist weg.

Ich sitze am Tisch.
Und esse mein Brot allein.

Ich gehe zur Tür.
Und du klingelst **nicht**.

Ich spiele ein Spiel.
Und ich spiele allein.

Ich sitze im Bus.
Und ich fahre zum Friedhof.

Ich vermisse Dich.
Ich möchte Dich wieder sehen.

# Letzte Ruhe

Menschen brauchen einen Ort der letzten Ruhe. Einen Ort, an dem Familie, Freunde, Wegbegleitende Abschied nehmen, weinen und mit der Verstorbenen in Kontakt sein können.

Manche Menschen brauchen zum *Lebendig-Halten* den Ort der Grabstelle. Aus diesem Grund gibt es verschiedene Möglichkeiten der letzten Ruhestätte für Verstorbene. Die einen wählen selbst, bevor sie sterben, wo sie gerne begraben werden möchten. Andere machen sich über ihren Ort der Totenruhe keine Gedanken oder möchten bewusst Angehörige entscheiden lassen, da diese in praktischer Weise *betroffen* sind. Bei Letzterem können organisatorische Gründe im Vordergrund stehen, wie beispielsweise Aufwand der Grabpflege, Erreichbarkeit für Trauernde und Kosten.

Die Grabstelle kann Ausdruck der Lebensform der Verstorbenen sein. Ein naturverbundener Mensch wählt vielleicht einen Friedwald oder die Seebestattung.

Auch kann die Wahl der Grabstelle mit einer Tradition einhergehen. Wenn Familiengräber bereits bestehen oder wenn familienbiographisch eine Tradition gewachsen ist.

Ruheorte spiegeln einen Teil des Lebens der Verstorbenen oder der nahen Freunde und Verwandtschaft wider. Wird sich intensiv mit der Frage der Grabstelle auseinandergesetzt oder wird die nächstbeste Idee aufgegriffen, weil der Bezug zur Verstorbenen keine Hinweise auf ein gegenseitiges Verständnis eröffnet?

Sarg oder Urne, anonym oder beim Namen genannt, Friedhof, Columbarium, weite See oder Waldruhestätte – das sind Entscheidungen, die Hinterbliebenen nicht erspart bleiben. Die Grabstelle ist der letzte reale Begegnungsort mit Verstorbenen und für Trauernde.

## Praktisch

Überlegen Sie, welche Orte der verstorbene Mensch bevorzugt hat. Wo hat er oder sie sich gerne aufgehalten? Gibt es Lieblingsorte? War er oder sie ein Naturmensch oder eher eine Wissenschaftlerin? Welche Interessen weisen auf einen Ort hin, der gut als Grabstätte dienen könnte?
Hat die Verstorbene zu Lebzeiten bereits eine Grabstelle ausgesucht? Wie kam es zu dieser Entscheidung?
Diese Fragen und Überlegungen können eine Brücke zwischen Leben und Tod sein. Sie setzen eine Auseinandersetzung mit dem geliebten Menschen frei.
Der Ort der Grabstelle kann Ihnen in unterschiedlichen Phasen und Situationen der Trauer helfen, den Tod und die veränderte Präsenz der Verstorbenen begreifbar zu machen.

## *Waldruhestätte*

Zwischen Brombeeren und Farn
nährst Du den Baum
und schenkst neues Leben

Kraft in einen Baum
der vielleicht schon vor Dir war
und in jedem Fall noch nach Dir steht

In Gemeinschaft verwurzelt
Neubeginn
an den Wurzeln ist Lebenssaft

Unter Wolken und Blätterdach
findest Du Ruhe
behütet unter Bäumen

Feuchte Luft
steigt auf
aus Moos und Wiese

Duft der Wälder
bezirzt die Trauer mit einem Augenzwinkern
denn schön ist es hier bei Dir zu sein

Letzte Ruhe
im Wald

Leise singt ein Vogel Dein Lied

## *Friedhof*

Verbunden
mit vielen Menschen

Vergangenheit
Gegenwart und Zukunft
bauen eine Brücke
verbinden wie ein Bogen
die Farben der Zeiten
miteinander

Gespräche
zwischen den Welten
vereinigen
Leben und Tod
im Garten des Lebens

Friede kann sein
auf Wegen und Gräbern
geschrieben auf Steine
bist Du beim Namen genannt
Mensch

Ein Hof für den Frieden
der ewig hält
und Unendlichkeit birgt
wenn Zeiten und Wetter
ihren Tanz durch das Leben tanzen

## *Seebestattung*

Die letzte Reise
auf hoher See
mit der Brise Wind
und dem Geschmack von Salz auf den Lippen

Freiheit spüren
auf dem Weg in die Ewigkeit
wenn Du Dich zerstreust in die Weite

Gebettet
auf den Wogen der Wellen
begleitet auf den Flügeln der Schaumkrone

Am Horizont verbinden sich Himmel und Erde
Gelb über Orange bis ins Rot
nimmt Dich die Sonne liebend auf

Gute Reise
und sei behütet auf Deinem Weg
Ahoi und Adieu

## *Luftbestattung*

Dem Himmel so nah
das ist Dein Wunsch gewesen

Die letzte Reise
ins Ausland
weltoffen

Herzensangelegenheit und Weltenbummlerin
die Welt von oben sehen

Du lässt Dich auch im Tod nicht anbinden
trotzt der Konvention und dem Gesetz
auch die letzte Reise ist es Dir wert

Den Himmel erden
und die Erde himmeln

Du verleihst dem Leben Flügel
Leichtigkeit hast Du gelebt
konntest schwere Päckchen mit Humor und Optimismus tragen

Verstreut über die Lande
bist Du ein Segen

## *Du bist beim Namen genannt*

Du bist beim Namen genannt
am Anfang Deines Lebens
und so gehst Du in den Tod

Einmalig
und gewiss
ein Segen für diese Erde

Es sind nicht die großen Helden
die den Zauber des Alltags verantworten
sondern die Engel mitten im Leben

Sei gewiss
Du bist ein Segen
ein Stern an der Alltagsfront

Du bist beim Namen genannt
Deine Farbe leuchtet weiter
im Regenbogen der Zeiten

## *Familiengruft*

Den Ahnen folgend
gehst Du den Weg

Vorbereitet ist Dein Platz
erwartet wirst Du im Kreis Deiner Lieben

Geschichte schreibst Du weiter
und darfst Teil einer großen Erzählung sein

Sie berichtet von längst vergangenen Zeiten
die Dich und Deine Mutter bereits prägten

Geh ein
in die Gruft der Familie

Finde Schutz
im Schoß Deiner Lieben

Du wirst erwartet
mit offenen Armen

# Und weiter bist Du da

Manche glauben, dass mit dem Tod alles zu Ende ist. Manche vertrauen auf eine Art des Weiterlebens nach dem Tod.

In jedem Fall sind Verstorbene in Situationen und Erzählungen, durch die Verbundenheit über geliebte Gegenstände und mit weiter getragenen Lebensweisheiten, in kulinarischen Genüssen, wie dem immer wieder gekochten Lieblingsgericht, weiter präsent. Mitten im Leben der Hinterblieben – immer wieder.

In gedanklichen Brücken können Verstorbene über den Tod hinaus Wegbegleitung für Hinterbliebene sein. Gute Ideen und schlechte Angewohnheiten können weiter gepflegt werden, so dass der verstorbene Mensch immer wieder Glitzer in die Realitäten der Menschen streut.

Persönliche Erinnerungen und die gemeinsame Zeit, Situationen, in denen gemeinsam gelacht und gefeiert wurde und auch Momente, in denen Schweres miteinander geteilt wurde, verbinden die Verstorbene mit den Hinterbliebenen. Diese Situationen und Erinnerungen geben der Verstorbenen Zeiten und Orte im Leben von Hinterbliebenen in ihrer Trauer.

Der Tod ist nicht das Ende, es wird weiter gehen. Wie es weiter geht, das weiß niemand konkret. In der Zeit der Trauer kann das Vertrauen tragen, dass es gut wird: Für die Verstorbene und für Weiter-Lebende.

In Gemeinschaft können Menschen einander tragen. In kleinen Gesten, wie beispielsweise einer stillen Umarmung, einem liebenden Blick oder im Zuhören ohne Worte, kann Kraft wachsen.

Alles, was einem Menschen in den Sinn gekommen ist, was gedacht und ersonnen wurde, geglaubt und erhofft, ist einmalig. Alles, was in die Hand genommen wurde, angepackt und geschaffen wurde, ob geglückt oder misslungen, bleibt zurück.

Alles, was das Leben überdauern wird und bleibt, hinterlässt Spuren. Diese Spuren können Gehhilfen auf dem Weg der Trauer sein, um einen verstorbenen Menschen an einen *anderen Ort im Herzen* umziehen zu lassen und gleichsam fort-ziehen zu lassen: *Und so geh' nun Deinen Weg.*

## Praktisch

In Musik, kulinarischen Traditionen und Lieblingssesseln, in Freizeitvorlieben und Lieblingsorten werden Verstorbene immer wieder ihren Raum im Leben der Hinterbliebenen haben. Für Trauernde ist das wichtig.
Trauernde dürfen sich auf die Suche nach dem *persönlichen Begegnungsraum* mit der Toten machen. So leben Verstorbene in Geschichten, Traditionen und Essensvorlieben weiter.
Was ist Ihr persönlicher Begegnungsort mit der Verstorbenen?
Kochen Sie am Geburtstag des verstorbenen Menschen dessen Lieblingsessen und laden die beste Freundin der Verstorbenen ein. Begehen Sie den Geburtstag als Fest- und Ehrentag. Dieser Tag darf einmal im Jahr besonders für diesen einen Menschen leuchten – in neuem Sinne.
Ein geliebtes Geschirr oder ein anderes Erbstück kann zur Brücke zwischen jenseits und diesseits werden. Wenn diese Gegenstände zerbrechen, dann bedeutet es nicht, dass die Verstorbene *ad acta* gelegt wird. Eine Überhöhung von Symbolen kann zur Gefahr werden, gleichsam sind Symbole für einen Zeitraum sinnhafte emotionale Stütze (Vgl. Kapitel **Langes Leben – Praktisch**).
Gemeinsam besuchte Orte geben Raum den Gedanken und gemeinsamen Geschichten nachzuhängen.

## *Der alte Sessel*

Der alte Sessel
macht mir zu schaffen
wann stehst Du auf und lässt mich dort sitzen?

Dein Duft in Sitz und Lehnen
Du trägst mich
als säße ich auf Deinem Schoß

Wie in Kindertagen
fühle ich mich
geborgen

Als gemeinsam gelesen und erzählt wurde
der alte Sessel
Dein Lieblingsort

Im Sessel sitzend
spüre ich Deine Gegenwart
Du bist nah

Ich sehe Dein Gesicht
vor meinem geistigen Auge
und höre Deine Stimme

Leise erzählst Du
von Sorgen und Freuden
vom Leben

Der alte Sessel bleibt
Dein Ehrenplatz
und mein Zufluchtsort

## *Weißwein im Sonnenuntergang*

Abends
Urlaub auf der Terrasse
und in fernen Ländern

Der Wein der Wahrheit
Blick tief ins Glas
wenn ich zugeben muss
dass Du Dein letztes Glas Wein
bereits getrunken hast

Hätten wir es vorher gewusst
wir hätten es
vermutlich
anders zelebriert

Der Weißwein im
Sonnenuntergang
ist Sinnbild Deines Fernwehs
und Deiner Heimat

Sanft
schwingt im Glas
die Erinnerung
an unsere gemeinsame Zeit

Leicht
schmeckt die Säure
auf der Zunge
Du bist da

Schenk mir Sonne
gehe nicht unter
in meinem Leben

Bleib
an jedem Abend
erneut
bei mir

Und trink
das Glas Wein
wenn die Sonne untergeht
mit mir

Danke
für Deine Zeit
jeden Abend erneut

Hab Dank

## *Buttercremetorte*

Was wäre ein Festtag
ohne den süßen Geschmack
Deiner Torte
ohne das Gefühl der Fülle
in Sahne und kunstvoller Zier

Butter und Creme
Torte
und unendlicher Genuss

Sehnsucht
kribbelt auf der Zunge
bei jeder Gabel
die in den Mund geschoben wird

Butter und Creme
Torte
und Wehmut

Du fehlst an der Kuchentafel
Dein Platz ist gedeckt
mit dem schönen Geschirr
das Du so sehr liebst

Butter und Creme
Torte
und Kaffeedurst

Ich dürste
nach Deinen Worten
und unseren Gesprächen
am Kaffeetisch

Geschichten und Charme
Humor
und ganz viel Du

Sahnetorte
wird zum zelebrierten Du
denn dann brennt die Kerze
für Dich
ganz hell in meinem Herzen

## *Herbst*

Wenn im Herbst
sanft die Blätter fallen
und Vögel leise ein Lied des Abschieds singen

Dann denke ich an Dich

Wenn das Eichhörnchen
Vorräte für den Winter
im Gartenhaus stapelt

Dann bist Du da

Im Garten des Lebens
ist Dein Lachen zu erahnen
im Bunt der Blumen

Unverblümt

Behütet unter Bäumen
bist Du zu spüren
wenn leicht die Bäume sich im Wind wiegen

Lebensmelodie

Die Sonne zwinkert durch Baumkronen
auf Farn und Brombeersträucher
unter den Füßen weiches Laub

Getragen

Der nächste Frühling kommt
immer wieder
und wieder

Pflanzt Blumenzwiebeln

## *Wenn ich Deine Lieder höre*

Die Augen geschlossen
lässt sich leichter träumen

Im Kopf beginnt die Melodie
ganz leise
vorsichtig bahnt sie sich den Weg

Als käme sie von weit
hergeschwebt
dringt sie an mein Ohr
Deine Lebensmelodie

Wenn ich Deine Lieder höre
fällt das Träumen leicht

Dann hältst Du meine Hand
wir tanzen ein paar Schritte
wie in früherer Zeit

Es ist das Gefühl der Sehnsucht
das im Schwingen der Töne
Vollendung findet

Ein paar Takte gemeinsam
das Leben erneut zusammen
gehen
in der Melodie der Freude

Du bist
Musik in meinen Ohren

In Traurigkeit schenkst Du Trost
in Freude bist Du gute Begleitung
Deine Hoffnung beschenkt mich
in der Kraft der Töne

Du hast mir nie den Marsch
geblasen
unser Liebeslied kennt Höhen
und Tiefen

Schön ist die Erinnerung
an den Schwung
Deiner Melodie durch das Leben

## *Dein Stern*

Gemeinsam nach den Sternen
gegriffen
Hand in Hand
die Welt erobert

Die Liebe des Lebens
in allen Zeiten
Geschenk der Ewigkeit

An einem Tag
neu verbunden
in einer anderen Wirklichkeit

Heute bleiben Tränen der Trauer
weil der Tod
das Leben zerriss

Es bleibt
Dein Leuchten
in bunten Farben des Lebens

Am Abend
mit dem Blick in den Himmel
im Glanz des Sternes
Deine Liebe spüren

Immer geliebt
und immer noch
das Gute bleibt

Hab Dank für die Zeit
für das zugedrückte Auge
Deine Gutmütigkeit

Es bleibt ein Stern
ein Stern der Erinnerung
ein Stern der Mut macht
Dein Stern wird glitzern
am Himmel
und in den Seelen Deiner Lieben

Immer
und immer wieder

## *Unser geliebter Küchentisch*

Alt und vermackt
erzählt das Holz unseres
Küchentisches
die Szenen der Familie
und das Temperament der Zeiten

Wenn mit Vehemenz
die Hand auf die Platte schnellte
weil das gesprochene Wort falsch
verstanden wurde

Die Kerben des Messers
als die Kinder vergaßen
das Schneidebrett unterzulegen

Da ist noch
leicht verblasst
der Strich
vom zu Ende gemalten Bild

Die Linien des Holzes
verbinden
Menschen und Geschichten
zwischen den Zeiten

Geburtstage wurden gefeiert
Menschen begraben
Tränen getrocknet

Geduld wurde geübt
wenn das heiße Wasser
sich mit den Kräutern
zum Tee verband

Hände legten sich in andere
Hände
fühlten sich getragen
Tischgemeinschaft

Die Küche war Dein Lieblingsort
hier fanden Gefühle
ihren Ausdruck
Du sitzt an Deinem Platz
wir führen fort Deinen Gedanken
der Verbundenheit

Runde Sache
am eckigen Tisch
Schenk ein

Immer wieder

## *Mensch ärgere Dich nicht*

Rot oder Blau
oder Gelb
oder Grün

Es ist so weit

Warum spielst Du das Spiel?

Weil ich mich ärgern will!

Würfel fallen: Drei
Würfel fallen: Eins
Würfel fallen: Fünf

Du bist dran

Ich kann nicht raussetzen

Weil ich mich ärgern will!

Würfel fallen: Zwei
Würfel fallen: Sechs
Endlich raus.

Nochmal würfeln: Drei

Du bist dran

Und wirf mich nicht raus

Luft anhalten und hoffen
Überspringen
Glück gehabt

Der Würfel tanzt auf dem Tisch

Runde um Runde

Schritt um Schritt

Wenn nach und nach
die Figuren nach Hause kommen
legt sich Ruhe aufs Gemüt

Kurz durchatmen

Freude

Wer nicht wirft
wird selbst geworfen

Kein Spiel der Nächstenliebe
glasklare Realität
das ists warum Du es so liebtest

Schritt um Schritt

Hoffen und freuen

Enttäuschung und Erleichterung

Mensch ärgere Dich nicht
Lebensphilosophie
Wettlauf mit der Zeit

Es ist so weit
Rausgeworfen
aus dem Leben

Doch jedes Mal
wenn der Würfel auf der
Tischplatte tanzt
und die gelbe Figur den Schuppen
verlässt

Dann weiß ich
Du bist wieder da
Weil Du Dich ärgern willst
und mich

## *Dein Karnevalshut*

Einmal im Jahr

Die große alte Kiste
mit dem bunten Hut
ab-geliebt sind bereits die Kanten
die rote Feder ist mittlerweile
leicht geknickt

Dann kommt die Zeit
Deiner Wiedergeburt

Dein Karnevalshut
wird herausgekramt
und der Blick in den Spiegel verrät

Geliebte Karnevalszeit

Einmal Prinz und Prinzessin
in jedem Jahr erneut
überdauert Dein Hut Deine Zeit

Lachenden Auges
das Leben sehen

Einmal im Jahr
und an jedem Tag
Dein Optimismus überzeugt
Gott und die Welt

Dein Karnevalshut

Sinnbild für Deine Natur
die ich so sehr verehr,
weil Unerschütterlichkeit
Deine ewige Tugend war

An jedem Tag im Jahr

Setzt Du mir den Hut
des Mutes auf
wenn ich an Dich denke
und weiß dass Dein Geist
mich trägt

Nicht aus der Ruhe zu bringen

Die Kraft Deiner Weisheit
die Unnachgiebigkeit
in gerechtenDingen
Geist Deiner Liebe

Dir sei von Herzen Dank

## *Meer der Stille*

Wenn der Sand
durch die Finger rinnt
gleichsam der Sanduhr
die Deine Stunden
zu Ende gezählt

Wenn die Fußabdrücke
von den Wellen langsam
vereinnahmt werden

Und sich Deine Seele
mit dem Meer verbindet
salzig und im Schaum der Wellen

Dann tritt
an die Stelle der  Verzweiflung
Stille
in mir

Dann verbinden sich
die Seelen
im Wasser der Ewigkeit

Der Horizont
schenkt warmes Orange
und nimmt mein Sehnen
sorgsam auf

Trägt meine Gedanken zu Dir
auf die andere Seite
wohl behütet

Dorthin
wo das Meer
in den Himmel zu kippen scheint

Dorthin
wo Zeit und Raum
keine Rolle spielen

Meer der Stille umfange mich
und trage mich
auf Deinen sanften Wellen
wenn ich traurig bin

# Wenn Tod sich ankündigt – Abschied nehmen

Es gibt Menschen, die warten auf den Tod, weil sie alt sind, weil sie krank sind oder weil sie eine Müdigkeit im Leben erleben. Äußerungen, wie: *Ich möchte gerne sterben. Ich habe in meinem Leben alles erlebt.* oder die Begegnung mit bereits verstorbenen geliebten Menschen in Träumen und Gedanken machen den nahenden Tod spürbar.

Der Tod wird erwartet, vielleicht sogar ersehnt. Das Lebensende bestimmt die Blickrichtung. Tage werden oftmals bewusster wahrgenommen und gestaltet. Auch kann es sein, dass der Tod einen klaren Sitz im Leben bekommt. Es entsteht eine neue Wirklichkeit von Tod und Leben: Die Endlichkeit von Leben bekommt eine neue Bedeutung.

In der bewusst erlebten letzten Lebensphase setzen sich Menschen mit dem Leben und dem Tod konkret auseinander. Entscheidungen für ein Hospiz oder eine letzte Lebensstätte werden getroffen.

Es ist oftmals ein bewusstes Abschiednehmen für alle Betroffenen. Nach dem Tod stehen Wegbegleitende *vorbereitet* am Totenbett, weil das Sterben – vielleicht sogar miteinander – begleitet wurde.

## Praktisch

Die Seele kann nicht gehen, wenn sie festgehalten wird. Wenn Sie Kontakt mit der Sterbenden aufnehmen, so signalisieren Sie gerne: *Ich bin da* über gesprochenes oder gesungenes Wort. Geschichten, Lieder, ein Erzählen und Teilhabenlassen am Geschehen der letzten Zeit können beispielsweise Inhalt sein.

*Schweigend* da zu sein ist eine intensive Form des Abschiednehmens. Es entsteht eine Verbindung über Geruch, Wärme und Körperkontakt. Das Gespür, nicht alleine zu sein, kann Sterbenden Kraft im Sterben und im Abschiednehmen geben.
Formen der *Kontaktaufnahme* können der Sterbenden zeigen, dass sie nicht alleine gelassen wird. Legen Sie beispielsweise Ihre Hand unter die Hand oder den Arm der Sterbenden. Lassen Sie Ihre Hände geöffnet nach oben, so kann die Sterbende selbst den Moment des Gehens wählen. Sterbende wollen sich getragen fühlen und nicht festgehalten werden.
*Duftende Öle*, die die Sterbende gesichert gerne mochte, fördern ein gutes Lebensgefühl in den letzten Lebensstunden. Vorsicht: Gut beobachten, ob die Sterbende den Duft wirklich weiterhin mag. Das zeigt sich u.U. an Entspannung der Muskulatur, einem lächelnden Gesichtsausdruck oder an gesunder Hautfarbe. Erhöhter Muskeltonus, Kaltschweißigkeit, angestrengter Blick oder zusammengepresste Lippen können Beispiele für Unwohlsein sein. Dann sollte auf die Öle verzichtet werden.
*Das Ausstreichen* der Mundhöhle und Zunge mit gefrorenen Säften, Tee oder Wasser kann erfrischen. Möglicherweise essen und trinken Sterbende nicht mehr, so dass der schmeckende Sinn auf diesem Weg weiterhin stimuliert werden kann.
*Musik* kann eine angenehme Verbindung zwischen zwei Menschen sein. Sie braucht keine Worte und lässt vergangene Bilder vorbeiziehen. Wählen Sie verbindende Musik und solche, die der Sterbende gerne mag: Ein Heavy-Metall-Fan möchte vermutlich kein Mozart am Sterbebett hören. Der letzte Musikwunsch sollte erfüllt werden!
Es gibt Menschen, die *nehmen den Absprung*, sobald sie alleine im Zimmer sind. Sterbende wollen nicht *totalüberwacht* sein. So kann auch der Zeitpunkt des Todes selbstbestimmt gewählt werden. Geben Sie Möglichkeit begleitet oder alleine zu sterben, indem Sie zwischendurch *Pausen* in der Sterbebegleitung einlegen. Sie brauchen Pause und auch die Sterbende braucht Pausen. So schenken Sie Selbstbestimmung bis zum letzten Lebensmoment. Die Sterbende wird entscheiden, wann sie stirbt: *Wer soll noch verabschiedet werden? Möchte*

*sie alleine sein oder im Arm der Schwester liegen?* Sterbende warten ab, bis sie sich bei den – für sie wichtigsten – Menschen verabschiedet haben. Vertrauen Sie der Sterbenden bis in den Tod. Sie wird den Zeitpunkt wählen, wenn sie soweit ist.

## *Augen-Blick*

Mensch
im Anschauen

Begegnung
geschenkter Moment

Du und Ich verbinden sich zum Wir
wertschätzend

Gemeinsam
Zeit verbringen

Reden und Schweigen
Miteinander

Gott in Dir Mensch
Näherkommen

Schenk mir den Augenblick

## *Für die Traurigen*

Das Leben wächst in schiefen Linien
Astlöcher und Risse
all inclusive

Ich wünsche Dir Mut
eine Kerze zu entzünden
Hilfe anzunehmen

Ich dachte
Glück sei eine eigene Entscheidung
so ist es manchmal nicht

Ich wünsche Dir Menschen
die Deine Hand tragen
Dein Herz umfangen

Ich dachte
das Leben sei eine schöne Überraschung
so ist es manchmal nicht

Ich wünsche Dir Licht
immer wieder
Vertrauen

Ich glaube
Du kannst getrost weinen
so sollte es immer sein

Sei getröstet

## *Du bist ein Segen*

Dein frisch gebackener Pflaumenkuchen
am Sonntag
mit Sahne
duftend und süß
streichelt meine Seele

Deine Hand
die mich hält
am Sterbebett
schweigend und still
lässt mich nicht allein

Dein leises Lied
gesummt
zart
im Raum schwebend
ein Hauch von Lebensmelodie

Deine offenen Ohren
Herzlich Willkommen
in meinem Herzen
manchmal mit und manchmal ohne Worte
berührt

Du bist ein Segen
in diesen Momenten
des Lebens
in denen Du da bist
unvollkommen und menschlich

## *Weil anders sein normal ist*

Ich wünsche Dir einen Ort
an dem Du spürst
dass es gut ist
dass Du so bist
wie Du bist

Niemand
hat die Weisheit
mit Löffeln gefressen
und darf Dir
über den Mund fahren

Weil Du sein darfst
so wie Du bist
Mensch

Ich wünsche Dir Menschen
die Dich annehmen
ohne Wenn und Aber
weil Du so bist
wie Du bist

Niemand
darf Dich verletzen
und Dir Deine Geschichte
absprechen

Weil Du wertvoll bist
mit Deiner Erfahrung
Deinen Werten und Träumen

Ich wünsche Dir
dass Du wählen kannst
wer Dich umgibt
damit Du nicht an die Wand
gestellt wirst
von vermeintlich Schlauen
die Dir den Raum
zur eigenen Gesinnung nehmen

Du bist ein Geschenk
des Himmels
Sei anders
Lebe Deinen Traum

## *Wann werden die Schmerzen enden*

Ich möchte nicht mehr
unendliches Rufen
verzerrtes Gesicht

Wann werden die Schmerzen
enden
war Deine Frage
in den letzten Tagen und Wochen

Nun kannst Du zur Ruhe
kommen
schmerzbefreit
das Wagnis wagen

Neue Schritte
in ein neues Leben
an einem anderen Ort

Erlösung
von Leiden und Kraftlosigkeit
neu geboren

Schmerz wandelt sich in Stärke
Dein Hilferuf
singt nun das Lied
der Auferstehung

Aufstehen
mit neuer Gabe
vor dem Leben demütig verbeugen

Vogelfrei
gleichsam getragen
auf den Flügeln jener die uns trägt

Von Gottheit umfangen
geleitet
gehalten

Erlösung

## *Todesbotschaft*

Wie ein blauer Brief
die Nachricht vom Ende
Schwarz auf Weiß
das Ende hat begonnen

Es ist vorbei

Vorbei mit Lebensträumen
Hoffnungen schwanden
vorbei
ist die Zukunft gemeinsam

Todesbotschaft

Drehte das Leben auf Links
ließ die Erde stillstehen
weil ein Atmen nicht mehr gelang
das Leben zum Absurdum wurde

Es ging zu schnell

Unvorbereitet
musstest Du Dich dem Leben
stellen
laufenden Schrittes
dem Tod in die Augen schauen

Falsche Umarmung

Das Leben sollte umschlungen
werden
nicht der Tod,
der seine Arme öffnete
mitten an einem Tag

Der Himmel verdunkelte sich

In Zeitraffer
Bilder
Menschen
Ereignisse
Verdichtung alles Erlebten

Der Bote
schaffte klare Verhältnisse

Es gab kein Zurück
Stand auf der Klippe des Lebens
wurde uns allen
zur Höllenfahrt

Nun fahre dahin

In den Himmel
gib den Sternen
einen sanften Kuss
dass sie leuchten
und uns verbinden

## *In jeder Geburt liegt ein Sterben*

Gut vorbereitet
weil wir alle wissen
dass das Leben immer und
todsicher
tödlich endet

In jeder Geburt liegt ein Sterben
Abschied vorprogrammiert
ein Leben lang

Von der Nabelschnur
bis zum Krankenbett
Abschied ein Leben lang
und immer wieder

Die Geburt prophezeit
dass wir sterben
eine Jede und ein Jeder

Der Tod klopft an
manifestiert die Kunde
dass sie konkret wird
die Todesstunde

Brief und Siegel
lassen im Leben
manchmal keinen Ausweg
noch nicht einmal
eine Verlängerung
des irdischen Spieles zu

Geboren
um zu sterben
ein Leben lang

Die Wahrheit
lieber nicht wahrhaben wollen
ausweglos

Stunde der Wahrheit
jetzt
Erlösung

## *Diagnose Krebs*

Wenn leise schleichend
der Körper
in eine Veränderung geht
und der Geist
nicht wahrhaben will
dass etwas nicht stimmt

Dann lässt die Ahnung
auf das Grauen
alles offen
und wünscht sich keine Diagnose
die die schlechte Kunde besiegelt

Flüsternd hat er sich eingenistet
in falscher Wohnung
unerwünscht
und gleichsam siegessicher
Todesengel

Die Diagnose
löste lange Ketten
der Maschinerie
und Dauerschleifen aus

Immer wieder
zwischen Bangen und Hoffen
zwischen Chemo und Bergauf
Chaos der Emotionen

Sich selbst verlieren
und nicht mehr erkennen
ohne Haare
dafür unendliche Müdigkeit
wo ist der Mensch
der Du mal warst

Fremd werden
in Herz und Seele
den eigenen Körper
nicht mehr als Tempel sehen
da er zur Bruchbude
mit dünnen Wänden
und schwachen Farben mutiert

Diagnose Krebs
macht Dich fremd
und gleichsam nah
in Schutz-Verlangen
und Liebes-Bedürftigkeit

Lass nah zusammenrücken
miteinander weinen
und das Leben singen
bis die Sonne
ihre letzten Strahlen verschenkt

Reich dem Leben die Hand
liebevoll und zart
wenn Deine Haut unsichtbar zu
werden scheint
und Dein Lachen
im Raum verklingt

## *Demenz*

Du warst
ein so gescheiter Mensch
ein wandelndes Lexikon
so sagten Deine Enkelkinder

Dein Leben hat aus Büchern
und Wissendurst bestanden

Du hast Dich
von Dir selbst entfernt
ganz langsam
Schritt für Schritt

Erst waren es
kleine Vergesslichkeiten
die wir Deinem hohen Alter
zuschrieben

Dann fanden wir die Brille
im Kühlschrank
das Buch im Backofen
und die Bettdecke
in der Badewanne

Du wurdest befremdlich
und seltsam verrückt

Wir dachten erst an eine
neue Art von Humor
wollten den Ernst der Lage
nicht wahrhaben
konnten nicht akzeptieren
dass Du Hilfe brauchst

Du warst immer selbständig
und belesen
wissbegierig und kontaktfreudig

Doch plötzlich wusstest Du
einfachste Abläufe
nicht mehr
Du wurdest unendlich fremd
und warst gleichsam vertraut

Dein Lebenswerk
nimmst Du mit ins Grab
von Deinen Geschichten wollen
wir weiterhin erzählen

So wie Du warst
bleibst Du in unseren Gedanken
charmant und lebensfroh

Die Demenz hat Dich langsam
sterben lassen
ein Abschied auf Raten

Irgendwann werden wir uns
wiedersehen
an einem Ort
der kein Vergessen kennt

## *Ohnmächtig*

Schon lange im Koma

Was hörst Du
was denkst Du
was träumst Du

Schon lange scheinst Du ohne Macht
über Deinen Körper
und Leben und Sterben

Wann ist der Zeitpunkt gekommen?

Immer ist es zu früh
niemals ist es richtig
es liegt in Deiner Hand

Der letzte Atemzug
das letzte Wünschen
Wie kann eine gute Entscheidung fallen über Leben und Tod?

Du bist die Entscheidung

Wieviel Zeit benötigst Du noch?
Warum wirkt der Ausdruck in Deinen Augen schon so fern?
Darf ich Dir ein Lied singen von Liebe und Hoffnung?

Gib ein Zeichen
dass Dein Abschied gekommen ist
dass die Maschinen ihre Räder stillstehen lassen

Lege Deinen Geist in Ruhe nieder

# Gebete

Gott liebt jeden Menschen. Unerschütterlich, ohne Kompromisse lässt Gott nicht locker und ist gleichsam unaufdringlich und bedingungslos präsent.

Gebete sind Kommunikationsformen mit Gott. Sie können in Gesten, Worten oder in Stille Zuversicht schenken. Sie sind Ausdruck von Vertrauen in die Geistkraft, die trägt. Diese Gotteskraft ist für jeden Menschen anders spürbar. Es ist die lebensbegleitende Melodie, der rote Faden durch das Leben – auch im Sterben. Das, was trägt, finden Menschen in der Natur, in der Begegnung mit Menschen, in Musik, Bewegung, Gerüchen und Farben und an unterschiedlichen Orten. Gott ist für jeden Menschen anders greifbar und begreifbar. Gott hat viele Namen und Erscheinungsformen.

Im Sterben eröffnet sich der Himmel in neuer Art und Weise. Menschen, die sich im Leben nicht zu Gott bekannt haben, finden oftmals eine Verbindung, als öffnete sich eine neue Tür.

Gott ist ansprechbar für jeden Menschen. Gebete ermöglichen eine menschliche Besinnung auf diese göttliche Geistkraft. Sie sind Dialogformen zwischen Menschen und Gott. Sie drücken aus, was Menschen bewegt und ersehnen. Sie sind Klage, Bitte, Lob oder Dank. Manchmal auch Gestammel oder Schweigen.

Gebet ist eine Form, Gedanken vor Gott zu bringen, in dem Vertrauen getragen zu sein.

## Praktisch

Gebete können in einem von außen geschaffenen Rahmen ganzheitlich spürbar werden. Dieser Rahmen erleichtert, durch Raumgestaltung, Körperhaltungen oder Kontaktrituale ein sinnenhaftes Erleben. Gott spüren mit Herz, Körper und Verstand.

Nehmen Sie bewusst wahr:

*Sind Sterbende oder Gestorbene im gleichen Raum, wenn Sie beten, beispielsweise im Krankenbett, in der Urne oder im Sarg?*

*Was brauchen die Angehörigen, um emotional geschützt zu sein im Gebet?*

*Könnte ein liturgischer Raum, einer Kirche oder Kapelle helfen?*

*Gibt es einen vertrauten Raum im eigenen Haus?*

*Gibt es einen neutralen Ort, beispielsweise beim Bestatter, im Hospiz oder Krankenhaus?*

*Vielleicht begegnet Gott den Menschen auch eher beim Gang durch die Natur, am See oder im Wald?*

*Wo ist Gott nah?*

*Wo und wie fühlen sich Menschen getragen?*

Geben Sie die Möglichkeit der sinnenhaften Gottesbegegnung, indem Sie Materialien - wie Kerzen, Bilder, Symbole – und Musik zur Hilfe nehmen.

Eine Kerze kann helfen, den Moment der Andacht bewusst zu gestalten und den Gedanken der Auferstehung und der Hoffnung in den Fokus zu nehmen. „Jetzt wird es hell in Deinem Leben und wir verbinden uns im Gedanken der Auferstehung mit Dir."

Welche Haltung hilft den Menschen:

*Sitzen sie lieber oder brauchen sie den festen Stand als Zeichen der Wertschätzung dem Verstorbenen gegenüber?*

Die Kontaktaufnahme durch Berührung des Körpers, der Urne oder des Sarges kann das Gebet in eine direkte Dimension zwischen Leben, Sterben und Gott bringen.

*Braucht es geschlossene Hände oder geöffnete Arme zum Gebet?*

*Was tut gut und verbindet mit der Toten?*

*Tut das Gebet in Gemeinschaft gut oder brauchen Einzelne Ruhe allein?*

Ein Blumengang zum Sarg, zur Urne, zum Grab ermöglicht bei der Trauerfeier unausgesprochenen Gedanken Farbe zu geben und diese der Verstorbenen in Stille mitzugeben.
Bitte überfrachten Sie die Gebet-Situation nicht mit Eindrücken, Medien und Gerüchen. Sterbende und Trauernde können sich erschlagen fühlen oder vom tatsächlichen Inhalt und Grund des Gebetes abgelenkt werden.
Trauernde kommen dann gedanklich schwer zur Sterbenden oder Toten hin und zu Gott. Wählen Sie einen sinn- und zielorientierten Rahmen. Es geht nicht darum einen schön dekorierten Raum zu haben, sondern darum, die Aufmerksamkeit der Trauernden auf die Sterbende oder Gestorbene und das Gebet zu erleichtern.
Gebetsformen brauchen ein hohes Maß an Behutsamkeit und Einfühlungsvermögen in die jeweilige Situation und in die begleiteten Personen. Zwingen Sie niemandem Ihren eigenen Glauben auf. Gebet kann stärken, hoffen lassen, trösten, beim Frieden finden und Loslassen unterstützen. Es sollte guttun. Gebetsformen brauchen Authentizität. Wählen Sie eine angemessene Form und schauen Sie, ob die Begleitete Gebet wünscht und ob es ihr gut tut. Wenn Sie eine (unangemessene) Gebetsform aufzwingen, richten Sie mehr Schaden an, als dass Sie Beistand geben. Sie können auch gemeinsam beten, ohne Gott zu benennen. In manchen Situationen trägt das formulierte „Vater Unser“ und in anderen Situationen stärkt das Gefühl, dass Sie – ohne Worte - einfach da sind.
Beten Sie frei und lassen Sie sich durch die Bedürfnisse der Begleiteten führen. Das bedeutet nicht, dass Sie sich „verkaufen“, sondern, dass Sie sich in die Situation hineinfühlen, um angemessen reagieren zu können. Seien Sie achtsam in der Wahl der Methode: Auch ein Lied, das anschauen der Lieblingsblume oder ein stiller Moment kann zum Gebet werden. Seien Sie achtsam in der Wahrnehmung der begleiteten Person. Seien Sie achtsam mit sich: Wo sind Ihre Ressourcen und wo sind Ihre Grenzen? Gebet kann den Übergang in ein neues vertrauendes Dasein begleiten.
Gebet braucht Achtsamkeit.

## *Sei getröstet*

Sei getröstet
in der Traurigkeit
und getrocknet seien Deine Tränen

Gott reiche Dir die Hand
trage Deine Sorge
feiere mit Dir Auferstehung

Zieh an
das Kleid der Freude
erlöst von Schmerz und Leiden

Die Trauer wandelt sich
in kleinen Schritten
zum warmen Licht

Es trägt
das Licht
die Hoffnung auf das Gute

Schenkt Wärme
schürt Zuversicht
lässt wachsen

## Angst

Ich werfe meine Sorgen
Dir
Gott
vor die Füße

Verzweiflung und Angst
bedrängen mein Herz

Ich bin allein
heilige Geistkraft
sei meine Begleiterin

Was wird sein
wenn ich morgens allein erwache

Was wird sein
wenn ich des Abends allein einschlafen muss

Ich habe Angst
Gott
schenk mir mutige Gedanken

Hilf
in der Not der Verlassenheit

Eröffne
einen neuen Horizont

## *Bitte*

Schenke Menschen
die den Blick weiten

Schenke Mut
um Hilfe zu bitten

Schenke Kraft
auf steinigen Wegen

Schenke Licht
in dieser dunklen Zeit

Schenke ehrliche Menschen
und aufrichtigen Trost

Schenke
gute Erinnerungen und Geschichten
immer wieder
mitten im Alltagsgeschäft

## *Trost*

Gott
tröste die Traurigen und Verzagten
trockne Tränen
lege Deine Hand schützend auf die Schulter

Gott
singe ein Lied der Liebe
hauche Deinen zarten Kuss der Hoffnung
tanze mit uns den Tanz des Lebens.

Gott
wandere mit uns auf dem schweren Weg der Trauer
wälze den Stein vom Grab
begleite uns mit Deinen Engeln der Zuversicht

Gott
tröste die Traurigen und Verzagten
trockne Tränen
lege Deine Hand schützend auf die Schulter

Flüstere uns Deinen Segen

## *Fürbitte*

Für unsere Verstorbenen
und die Lebenden

Für Menschen
deren Namen niemand mehr weiß
und die anonym Begrabenen

Für todkrank Leidende
und vom Schmerz Erlöste

Für Menschen
die im Sterben liegen
und jene
die den Tod erhoffen

Für Menschen
die Todesangst leiden
und keinen Ausweg wissen

Für jene
die ein totes Kind im Herzen tragen

Sei mit uns
und den Menschen

Wir bitten für die
deren Hoffnung zu versiegen droht

Sei mit uns
in Deiner Liebe

## Danke

Hab Dank
für die gemeinsame Zeit

Stunden und Tage
Jahre und Jahrzehnte

Geschenk der geteilten Freude
getragen im Aussprechen von Sorgen

Hab Dank
für erlebte Augenblicke

Momente der Glückseligkeit
Zeiten der Verbundenheit

Gott
Danke für Deine Liebe

Sie offenbart sich
in der Begegnung mit Menschen

Hab Dank
für die gemeinsame Zeit

## *Segen*

Gesegnet
seien Jahr und Tag

Gesegnet
ist die Stunde unserer Geburt

Gesegnet
sei unser Sterben

Sei mit uns
auf unseren Wegen

In sonniger Freude
und wolkenverhangener Not

Auf bunten Wiesen der Liebe
und im Meer der Zuversicht

In schwindelnder Höhe
und auf dem Boden der Tatsachen

Lass uns zum Segen werden
für Wegbegleitende

Segne uns

## *Auferstehung*

Wenn die Tage kürzer erscheinen
Dunkelheit das Licht bedroht
Wolken vor die Sonne drängen

Dann scheint das Licht der Auferstehung
auf dem Weg zu sein

Stelle auf die Laterne der Hoffnung
entzünde die Flamme der Zuversicht
sei getragen im Gedanken der Auferstehung

Es geht weiter
an einem anderen Ort der Göttlichkeit

Hell erleuchtet Christus den Weg
Das innere Auge eröffnet einen neuen Horizont
Das Sehnen überwältigt jede Sorge

Es wird gut
für Dich und mich und alle

Gott
schenke uns Vertrauen
in die Auferstehung

## *Loblied*

Gott
ich singe Dir ein Lied
zum Lobe

Gut
hast Du geschaffen den Menschen
und seine Tugenden

Ich freue mich
am Geschenk
der gemeinsamen Zeit

Ich singe das Lied der Dankbarkeit
jubiliere
tanze

Ich lobe Dich
für Deine Güte
und das Geschenk des geschenkten Menschen

Dir sei Lob gesungen
im Leben
und im Sterben

## *Das letzte Gebet*

Gott
es fehlen die Worte
der Mund ist trocken

Ein letztes Gebet

Ich bin dankbar
für gute Stunden
gib Kraft auf diesem letzten Weg

Ein Gedanke zum Abschied

Schweres konnte ich tragen
mit Dir
Gott
an meiner Seite

Ohne Worte

Ich verneige mich vor Dir
und meinem Leben
in Demut

Danke

# Selbstsorge für Trauerbegleitende

Wo bleiben Sie als Trauerbegleiterin mit dem Gehörten, mit Geschichten und Erfahrungen von Sorge, Trauer und Leid? Situationen und Grenzerfahrungen auf der Schwelle zwischen Leben und Tod erfordern Kraft von Trauerbegleitenden. Sie sind in der konkreten Begleitung von Sterbenden und Trauernden in höchstem Maß gefordert, weil Sie konzentriert, empathisch und hörend Krisen begleiten. Sie nehmen Gedanken, Emotionen und Erfahrungen auf.

Sie können nicht ausschließlich aufnehmen und Sie brauchen *Sicherheit* durch klare Sprache und Grenzen. Setzen Sie sich emotional nicht mit in das Boot der Traurigkeit, denn dann fehlt Ihnen der Abstand und die Kraft Halt zu geben. Bleiben Sie in professioneller Distanz zum Geschehen und zur Trauernden bzw. Sterbenden. Gleichsam ist es wichtig, dass Sie empathisch sind und sich in Ruhe die Möglichkeit zum Einfinden in das Trauergeschehen geben. Nehmen Sie sich Zeit und volle Konzentration auf die Situation. Das ist ein Balanceakt zwischen Nähe und Distanz.

*Klare Regeln und Vereinbarungen* helfen dabei Nähe und Distanz sinnhaft auszuloten und realistisch die eigenen Ressourcen einzuschätzen. Stellen Sie sich dazu die Fragen nach den äußeren Bedingungen, wie beispielsweise Zeitrahmen, Art und Weise der Begleitung und Beziehungsbezügen. Legen Sie vorher fest, was Sie leisten können und möchten. Hierzu schauen Sie realistisch auf Ihren Alltag: Wie ist Ihr Tag strukturiert? Gibt es Zeiten, an denen Sie von den eigenen Kindern gebraucht werden? Wieviel Zeit brauchen Sie nach einem Trauer- oder Sterbebegleitgespräch für sich? Welche Tageszeiten sind Ihre persönlichen Aus-Zeiten?

## Äußere Bedingungen:

- An welchem Ort findet die Begleitung statt?
- Länger angelegte Begleitungen sollten an einem Ort außerhalb der Wohnung der Trauernden verortet sein, damit die Trauernde sich auf die Situation einlassen kann. In Ihrem Büro oder an einem neutralen Ort kann die Trauernde sich fallen lassen. Sie trägt keine Verantwortung, weil sie nicht *Gastgeberin* ist und sich verpflichtet fühlt, Kaffee zu kochen oder die Haustür zu öffnen, wenn es klingelt oder schnell den piepsenden Wäschetrockner auszuschalten.
- Einmalige Kondolenzgespräche ermöglichen in den Räumen der Trauernden ein schnelles Einstellen auf die Situation. Der Lebensraum der Trauernden schenkt Ihnen unaufdringlich *Zusatzinformationen*: Religiöse Bezüge durch Kreuz, Familienfotos, Lebensart.
- Wählen Sie einen Ort, an dem Sie ungestört sind. Dazu gehört ebenfalls, dass Sie Telefone auf lautlos stellen und ggf. (im Büro) an der Tür ein Schild mit „Bitte nicht stören" aufhängen. So wird der Ort zum Schutzraum.
- Welche Klientinnen nehmen Sie an und welche leiten Sie lieber an Kolleginnen weiter?
- Wie viele Klientinnen können Sie gleichzeitig betreuen?

## Der Zeitrahmen:

- Wieviel Zeit nehmen Sie sich für die Trauerbegleitung?
- Ist eine Stunde am Tag an drei Tagen in der Woche für Sie zumutbar oder besser eine Stunde in der Woche?
- Handelt es sich um ein einmaliges Kondolenzgespräch von ein oder zwei Stunden zur Vorbereitung der Beerdigung?
- Begleiten Sie einen Trauerprozess von mehreren Wochen oder Monaten?
- Seien Sie pünktlich zur vereinbarten Zeit am vereinbarten Ort und kommunizieren Sie, wieviel Zeit Sie maximal einkalkulieren. Das gibt der Trauernden Sicherheit durch klare Vereinbarungen.

## Art und Weise:

- Arbeiten Sie gesprächszentriert?
- Brauchen Sie Materialien?
- Mit welchen Methoden können Sie sich identifizieren und wo sind Ihre methodischen Grenzen?

## Beziehungsbezüge:

- In welcher Beziehung stehen Sie zur Trauernden?
- Wieviel Nähe ist sinnvoll?
- Besteht die Gefahr, dass Sie von der Trauerbegleiterin zur Trauernden werden, weil Ihnen die Situation durch Freundschafts- oder Verwandtschaftsverhältnisse sehr nah ist?
- Ist es eine langjährige Bewohnerin in der Wohneinrichtung, in der Sie arbeiten?
- Ist es eine Klientin, die Ihnen vom Bestatter vermittelt wurde?
- Ist es eine Patientin, die Sie anfragt?
- Wieviel Nähe ist für Sie möglich und wieviel Distanz ist nötig, um eine Trauerbegleitung anzunehmen?

Sie sind der wichtigste Mensch in Ihrem Leben. Deswegen tragen Sie Sorge für sich, da Sie andernfalls nicht für andere Sorgen können.

Schaffen Sie sich gesicherte Zeiten der Erholung als *Aus-Zeit.* Das kann ein Mittagsschlaf sein, ein Spaziergang, das Spielen eines Musikinstrumentes oder eine sportliche Betätigung. Der Zeitrahmen kann beispielsweise eine halbe Stunde oder eine Stunde sein. Suchen Sie sich etwas, wobei Sie abschalten können, das Ihnen guttut und wobei Sie sich erholen. Wichtig ist dabei, dass es eine Zeit ist, in der Sie sich weder organisatorisch, noch inhaltlich mit Ihrer Klientel beschäftigen. Diese Aus-Zeit ist ausschließlich IHRE ZEIT. Niemand darf Sie unterbrechen. Sichern Sie diese Zeit in Ihrer Tagesstruktur als Termin. Es kann auch der Sauna-Abend einmal in der Woche sein oder das Wander-Wochenende einmal im Monat.

Machen Sie **Feierabend.** In welchen Zeiten sprechen Sie sich mit Kolleginnen ab, so dass Sie sich durch gegenseitige *Bereitschaftsdienste* gesicherte Frei-Zeit ermöglichen. Strukturieren Sie den Tag, so kann die Trauerbegleitung Sie nicht überrollen. Stellen Sie sich die Frage: *Wann ist Zeit der Begleitung und wann ist Feierabend?* So gewinnen Sie Klarheit über Arbeits- und Freizeit und können Ihren Tag selbst entscheiden.

Suchen Sie sich **unabhängige Gesprächspartnerinnen und Gesprächspartner.** Wählen Sie bewusst Menschen unterschiedlicher Geschlechter und Herkünfte, das erweitert Ihre Perspektive. Wenn eine Kanne voll ist, dann läuft sie irgendwann über. Deswegen ist es sinnvoll immer wieder etwas auszuschütten und zu verteilen. Suchen Sie sich eine regelmäßige, verlässliche und vertraute Ansprechperson außerhalb des Trauergeschehens, bei der Sie Geschichten, Bedenken und Sorgen vertraulich abladen können und bei der Sie Ihre Perspektiven und Gedanken sinnhaft sortieren und reflektieren können.

**Tragen Sie ihren Hut bewusst** in der Rolle als Begleiterin. Diesen Hut können Sie nur tragen, wenn Sie sich der Situation, dem Thema und ihrer Rolle bewusst sind. Inhaltlich ermöglicht und fordert dieses Bewusstsein Vielfalt und Empathie. Klare Sprache und Ehrlichkeit sind Türöffner. Sie enttabuisieren das Thema Tod und geben gleichsam Halt. Menschen in jedem Alter wollen wissen, wie es nach dem Tod weiter geht. Kinder fragen danach, Erwachsene weichen oftmals angstvoll aus und sind unsicher. Wenn Sie als Trauerbegleitende aufklären, ermöglichen Sie ein Gefühl von Sicherheit durch Wissenszuwachs. Wenn Sie der Klientin ihre Trauer zutrauen, erfährt sie, dass sie ernstgenommen wird. Seien Sie bewusst Begleiterin in dieser Trauer.

Tragen Sie Sorge für sich, Sie sind sich selbst Ihr wichtigster Schatz!

# Zu guter Letzt

Am Ende unserer Tage ist eines gewiss:
Wir stehen alle mit leeren Händen an der Himmelstür.

Das empfinde ich beruhigend und erschütternd zugleich. Zählt dann nicht mehr jenes Bemühen um Gerechtigkeit auf Erden? Zählt dann nicht mehr jede getrocknete Träne und jedes getröstete Herz?

Soll es sein, dass dann die Reichen von Erdenzeiten gleichgestellt sind mit denen, die arm waren? Arm und Reich wird sich neu definieren.

Beruhigend, dass am Ende unserer Tage unser Menschsein zählt. Dass wir alle gestellt sind in Gottes Gnade. Weder erkauftes Paradies, noch erheuchelte Heiligkeit werden zählen – und das ist gut und gerecht im Sinne der Hoffnung, der Vergebung und der Umkehr.

Am Ende bedeutet es ein achtsames Sorgetragen füreinander, miteinander auf dem Weg, dessen Ziel für ein jedes Lebewesen das gleiche ist. Wir begegnen uns alle im Sterben.

„So werden die Erlösten des HERRN heimkehren und nach Zion kommen mit Jauchzen, und ewige Freude wird auf ihrem Haupte sein. Wonne und Freude werden sie ergreifen, aber Trauern und Seufzen wird von ihnen fliehen.“ (Jesaja 51, 11)

## *Auftrumpfen zählt nicht*

Sei gewiss
dass im Himmel
spätestens
nicht mehr das größte Auto
nicht der frommste Diener Gottes zählt

Sei beruhigt
dass Du geliebt bist
wie Du so hier stehst
mit schiefer Nase
und den widerspenstigen Locken

Supergut
dass der Himmel
nicht perfekt sein soll
dann ist das
ein erstrebenswertes Ziel
vielleicht auch schon auf Erden

Mensch sein
und menschlich
verwirrt und ungeschminkt
geliebt in grandioser
Einmaligkeit

Weil Du Mensch sein darfst
und so sein sollst
wie Du bist
ein Teil von WIR
unersetzlich bist Du

Wunderbar.

# Dankworte

Liebe Mama und lieber Vater, habt Dank dafür, dass Ihr mir in jedem Lebensalter den Tod in sinnhaft begreifender Form zugetraut habt. Ihr beschenkt mich mit Vertrauen und habt mir das Wunder offenbart, dem Leben zu vertrauen.

Freia, hab Dank für Deine Weisheit das Leben optimistisch anzugehen.

Ich danke von Herzen meiner Familie. Michael, Lina, Simon, Jakob und Ben. Ihr tragt und begleitet mich durch mein Leben. Ihr macht mein Leben zum Geschenk.

Ich sage Dank an Menschen in der Nähe und in der Ferne, die mich das Leben lehren. Ihre und Eure Geschichten sind mir Wegbegleitung. Ich spüre meine Verbundenheit in der Gemeinschaft der Unvollkommenheit in gutem Sinne.

Das Leben ist nicht perfekt. Ich bedanke mich bei jenen, die ehrlich zu mir sind und mir nicht Bilder aus dem Hochglanz-Werbe-Prospekt vorspielen.

Im Sterben ist es wie im Leben und so beschenkt mich jede Begegnung und Trauerfeier mit einem kleinen Stück Lebensweg und Lebensweisheit.

Danke.

## *Wenn ich einst sterbe*

Dann wünsche ich mir echte Blumen
und den Gesang der Vögel in den Wipfeln der Bäume

Tragt bunt
und weint Tränen der Freude über das Glück
der gemeinsam verbrachten Momente

Seid ehrlich
und kommt nur wenn ihr im Leben mich auch ertragen konntet

Ich möchte
auch an meinem Grab keine Lüge

Drum sei es eine kleine Runde unperfekter und treuer Menschen
die sich auch im Leben schon Zeit für mich genommen haben

Setzt mir kein Denkmal
sondern denkt an mich bei Musik und bei gutem Essen

Lasst alles liegen und räumt nicht auf
erinnert Euch an mich wenn ihr wilde Blumen im Garten seht

Auf meinem Grabstein soll stehen:
*Mit Optimismus, Herzblut und Leidenschaft für Gerechtigkeit und Freiheit*

Wenn ich einst sterbe
bin ich gespannt auf das was da kommt

Und sage Dank für das Wunder des Lebens